Collection Rolf Heyne

TROPICAL BARBUCH

DRINKS & STORIES

Gestaltet und illustriert
von Günter Mattei

Zusammengestellt
von Jürgen Woldt

WILHELM HEYNE VERLAG MÜNCHEN

Die Göttin hat mir Tee gekocht
und Rum hineingegossen;
sie selber aber hat den Rum
ganz ohne Tee genossen.

Heinrich Heine

One of sour,
two of sweet,
three of strong
and four of weak.

Alte Drink-Rezeptur
für das Mischungsverhältnis von Zitrone,
Zuckersirup, Rum und Wasser

Drink Coca-Cola
Ron BACARDI Reserve
Original Cuba-Rum Havana Club
Schumann's
BACARDI
Coca-Cola
Gordon's Dry Gin

Inhalt

INHALT

Vorwort

Rum, Tequila und Cachaça stehen in vielen Bartheken bereits in der vordersten Reihe. Denn – und daran kommt kein ernsthafter Barmann vorbei – Gemixtes aus tropischen Alkoholikas, Säften und Sirups erfreut sich inzwischen der gleichen Beliebtheit wie klassische American Drinks.

Rum ist wahrscheinlich der älteste destillierte Alkohol. In der Geschichte der Mixed Drinks hat der Rum, genauso wie der Gin, immer wieder seine Hochs und Tiefs gehabt – seine letzte Hoch-Zeit in den zwanziger Jahren auf Cuba. Dorthin nämlich hatte es – Folge der Prohibition in den USA – scharenweise trinkfreudige Amerikaner gezogen. Und dort wurde erstmals cubanischer Rum als Ersatz in den klassischen Gin- und Whiskeydrinks verwendet. Es waren die berühmten Barmänner dieser Zeit, die dann mit Phantasie auf der Basis von Rum auch neue Drinks kreierten – die heute Klassiker sind.

›Tropical Drinks‹ haben in den letzten Jahren eine Trendwende in unsere Bars gebracht – weg von den reinen ›Pur- und Harddrinks‹. Erst die ›Tropical Drinks‹ haben viele Gäste wieder auf den Geschmack von Mixed Drinks gebracht.

Anfangs waren vor allem Planter's Punch gefragt und Piña Colada – für alle, die's süß mögen. Mai Tai und Zombie dagegen wurden von Harddrinkern bevorzugt. Es war vor allem das vergrößerte Angebot an Säften und Sirups, das die Entwicklung neuer, interessanter Cocktails möglich machte.

Doch so vielfältig das Angebot der Drinkzutaten auch geworden ist – es wäre fatal, wahllos zu kombinieren und zusammenzuschütten. Denn die meisten der fruchtigen Zutaten dulden wegen ihres ausgeprägten Aromas nur sehr wenig neben sich. Es ist mir wichtig, darauf hinzuweisen – die oft zu Hunderten angepriesenen Rezepte für ›Tropical Drinks‹ halte ich schlichtweg für unseriös. Dieses Buch enthält etwa 150 Drinks – für mich genau die Anzahl, die zu vertreten ist. Dabei sind meine eigenen Kreationen mit * und Jahreszahl gekennzeichnet. Wie schon im ersten ›Schumann's Barbuch‹ habe ich Drinkgruppen geschaffen, die meisten diesmal auf der Basis von Rum. Mit dabei sind natürlich auch heiße und nichtalkoholische Drinks. Dazu kommen eigene Kapitel zu Tequila, Mescal und Cachaça. Warenkunde-Kapitel informieren über tropische Früchte, Additives, Gewürze, über Geschichte und Herstellung des Rums sowie über das Wichtigste zu den einzelnen Drinkgruppen.

Und schließlich: Wie bereits im ersten ›Schumann's Barbuch‹ wird dies alles begleitet und umrahmt von Stories bekannter Autoren – zum Thema Bar, Drinks und Tropen. Daneben stehen aktuelle Reportagen von heute und Geschichten einheimischer, karibischer Autoren – eine Mischung, die über den Bar-Horizont hinaus tropische Wirklichkeit spiegelt.

Charles Schumann

Er trank noch einen gefrorenen Daiquiri ohne Zucker, und als er das schwere, frostbeschlagene Glas hob, sah er die klare Schicht unter dem geraspelten Eis, und sie erinnerte ihn ans Meer. Das geraspelte Eis sah aus wie das Kielwasser eines Schiffes, und das Klare darunter sah wie das Bugwasser aus, wenn der Steven es zerschnitt und das Schiff in flachem Wasser war. Es war fast genau dieselbe Farbe.«

Es war ein helles Türkis. Der Mann, dessen Beschreibung eines Glases voller Limettensaft, weißem Rum und gestoßenem Eis legendär geworden ist, hat sie vielfach befahren, die flachen Wasser über dem weißen Korallensand der karibischen Lagunen – den Riffs der ›Bimini-Islands‹ entlang, vor den Palmenstränden der Bahamas, in den mangrovenbewachsenen Buchten von Cayo Cruz vor Cubas Küste. Den oben schaumig-weißen und darunter türkisfarbenen Drink, der ihn an die Fahrten durch die Lagunen erinnerte, hat er sich am liebsten in Havannas ›Floridita‹-Bar mixen lassen – von Constantino Ribailagua, genannt Constante, in den 20er und 30er Jahren weltbekannt als *king* der cubanischen *barmen* und Schöpfer von Tropen-Cocktails, die heute als Klassiker gelten. Einen davon hat Constante seinem Daiquiri-Freund und Dauergast zu Ehren getauft: den ›Hemingway-Special‹.

Geschichten vom Rum und den Drinks der Tropen gibt es in zahlreichen Varianten: Piraten-Stücke, Bar-Stories, Kaschemmen-Szenen, Sauf-Dramen, Kolonial-Klamotten, Traumschiff-Verklärungen. Die meisten davon haben etwas gemeinsam: Sie schufen Legenden. Der beharrliche Bar-Hocker Ernest Hemingway ist selbst zur Legende geworden – wie er in Havanna seine Daiquiris ausschließlich bei Constante im ›Floridita‹ trank und den cubanischsten aller Cocktails, den ›Mojito Criollo‹, nur in der ebenfalls weltberühmten ›Bodeguita del Medio‹ schluckte. Es war die große Zeit der ›Fizzes‹ und ›Cobblers‹, der ›Collins‹ und ›Daisies‹, des ›Café Los Bancos‹, des ›Ambos Mundos‹, des ›Telégrafo‹, der Hotelbar im ›Sevilla-Biltmore‹. Doch warum das Havanna der 20er und 30er Jahre plötzlich einen Bar-Boom ohnegleichen erlebte, warum der karibische Rum mit einem Mal zur Grundlage einer weltweiten, neuen ›Drink‹-Kultur wurde, und wieso die US-Amerikaner gerade hier ›the golden age of cocktails‹ ausriefen – das mag den Mythos vom einzigartigen Reiz der Tropen schon mal kräftig ankratzen. Es handelte sich nämlich um nichts weiter als um den Sprung in eine Marktlücke – entstanden durch das Prohibitions-Gesetz der USA von 1919. Das eben hatte zur Folge, daß wahre Horden nordamerikanischer Trinker die ›Rum-Row‹, die alkoholfreie 12-Meilen-Zone rund um die USA-Küsten, durchbrachen und Cuba geradezu besetzten – was daraufhin Barkeeper und Hoteliers aus aller Welt nach Cuba zog. Der Drang der Trink-Touristen zu den neuen Bars von

Havanna wurde schließlich so gewaltig, daß eine US-Fluggesellschaft eine Rum-Linie zwischen Florida und Cuba in den Flugplan aufnahm. Ausrufer an Miamis Straßenecken warben mit dem Spruch: »Flieg' nach Havanna und bade in Bacardi!« Auch Al Capone war dabei beim neuen Business: Westlich von Havanna baute er eine Rum-Destillerie, Teil einer blühenden Schmuggel-Industrie.

Der Ruhm des Rums als Grundstoff der tropischen Bar gründet sich mit auf die amerikanische Trinker-Invasion in Cuba zur Zeit der Prohibition. Den Rum als Long-Drink-Zutat hatte allerdings schon eine US-Generation vorher entdeckt: Als US-Truppen gegen Ende des 19. Jahrhunderts die Spanier aus Cuba verjagten, griffen sie aus Mangel an eigenen Spirituosen zum einheimischen Rum und schütteten diesen in ihren mitgebrachten neuen Soft-Drink Coca-Cola. Sie benannten das Getränk nach ihrem Schlachtruf an der Front: ›Cuba libre!‹

Mit dem cubanischen Rum-Boom dieser Jahrzehnte hat sich die frühere Geschichte des Zuckerrohr-Destillats ziemlich konsequent fortgesetzt: Die Geschichte des Rums war von Anfang an verbunden mit kolonialen Geschäften und Kriegen. Und, um der ganzen Wahrheit die Ehre zu geben, mit dem fürchterlichsten Völkermorden in der Geschichte der Menschheit.

Eine Notiz im Bordbuch des Cristóbal Colón, genannt Kolumbus, während seiner zweiten Westindien-Reise kündigt 1493 die Eröffnung der Schlacht an: Nach der ersten Begegnung mit karibischen Indianern, die »alles von Herzen gern« gaben, und denen »Waffen nicht einmal bekannt« waren, nahm Kolumbus gleich mal sieben dieser netten Menschen gefangen, um später bei seinem König nachzufragen, ob von nun an »alle Inselbewohner ... auf ihrer eigenen Insel als Sklaven zu halten« seien, denn man könne »mit einigen fünfzig Mann alle anderen niederhalten und zu allem zwingen«. Kolumbus war es auch, der auf dieser Reise die ersten Zuckerrohrpflanzen nach Westindien brachte.

Weil sich die meisten Indianer der Sklaverei in Goldminen oder beim Zuckerrohranbau und auch der christlichen Zwangsmissionierung widersetzten, begannen zunächst Spanier und Portugiesen, dann Franzosen, Engländer, Skandinavier und Deutsche, wie etwa das Augsburger Patrizierhaus der Welser, das sich durch Köpfe-Abschlagen insbesondere in Südamerika hervortat, mit der beispiellosen Ausrottung der Einwohner Mittel- und Südamerikas. Ein Augenzeuge, der Mönch Bartolomé de Las Casas, notierte schon in den ersten Jahren der Eroberungen die Vernichtung von 30 Millionen Indianern. Seine mit rhetorischem Feuer zwischen 1527 und 1566 zu Papier gebrachte Chronik und Kritik des Grauens wurde erst mehr als 300 Jahre später veröffentlicht. Heute leben von den karibischen Indianern noch ganze 2500 – in einem Reservat im Inselstaat Dominica. Ein aufgeklärter Kommentar des Göttinger Philosophen

Lichtenberg aus dem 18. Jahrhundert: »Der Amerikaner, der den Kolumbus zuerst entdeckte, machte eine böse Entdeckung.«

Rum wird auf den Westindischen Inseln zum ersten Mal Mitte des 17. Jahrhunderts schriftlich erwähnt, in einer Beschreibung aus Barbados von 1651 heißt es: »Der Schnaps, den sie auf dieser Insel hauptsächlich herstellen, ist ›*rumbullion*‹, alias ›*kill devil*‹.« Ob der Name des ›Teufeltöters‹ wirklich von ›*rumbullion*‹ (Aufruhr) stammt, ist umstritten. Möglicherweise geht er auch auf das malaiische ›*brum*‹ (Zuckerlikör) zurück – die ursprüngliche Heimat des Zuckerrohrs war Ostasien. Oder auf ›*saccharum officinarum*‹ – die lateinische Bezeichnung für Zucker.

Zucker wurde zum umkämpften Jahrhundertgeschäft der Kolonialmächte – und die karibischen Inseln mit ihren Großplantagen wurden nochmals zum Schlachtfeld, diesmal zwischen den Europäern. Was sich beispielsweise Anfang des 18. Jahrhunderts auf allen Weltmeeren, insbesondere aber auch in der Karibik abspielte, das wird in der Geschichtsschreibung ›Spanischer Erbfolgekrieg‹ genannt; man könnte es ebensogut den ersten Weltkrieg der Geschichte nennen – ausgetragen von staatlichen Kriegs- und Piratenschiffen, mit amtlichen Kaperbriefen der jeweiligen Majestäten versehen und mit dem Auftrag, zu rauben, zu töten und zu erobern. Rum gehörte zur täglichen Ration der Kriegskommandos.

Doch trotz Piraterie und Kolonialkriegen – das Jahrhundertgeschäft mit Zukker blühte weiter. Und mit ihm das mit dem Rum, dem einfach herzustellenden Destillat der Melasse, die als Nebenprodukt bei der Zuckerproduktion übrigbleibt. Im 18. Jahrhundert wurde Rum dann sogar zur internationalen Währung: als Heuer für Matrosen oder als Zahlungsmittel im Pelzhandel bei nordamerikanischen Indianern, vor allem aber im Menschenhandel mit afrikanischen Sklaven – dem nächsten dunklen Kapitel in der Geschichte des Rums.

Wie viele es waren, die nach der Ausrottung von Indios und Indianern aus Afrika in die ›Neue Welt‹ verschleppt worden sind, ist ungewiß – die Schätzungen liegen zwischen 30 und 50 Millionen. Sicher ist, daß sich die Sklaven in den USA am Ende der Sklaverei um das Elffache vermehrt hatten. Auf den Westindischen Inseln jedoch war ihre Zahl auf ein Drittel derer, die importiert worden waren, geschrumpft. Der Grund: Die karibischen Pflanzer hatten sich nach heftigen Diskussionen darüber, ob es lukrativer sei, die Sklaven zu schonen und eigene Familien gründen zu lassen, oder sie in kurzer Zeit auf den Zuckerrohrfeldern und in den Rumfabriken zu verschleißen und durch Neu-Einkäufe zu ersetzen, fast durchweg für die zweite Variante entschieden. Kaum ein karibischer Feldsklave überlebte fünf Jahre auf westindischen Plantagen, jeder fünfte starb schon vorher beim Transport über den Ozean.

Die Geschichte der Sklaverei ist vom Run der weißen Welt auf Zucker und Rum am Ende des 18. Jahrhunderts nicht zu trennen. Die Nachfrage nach dem Süß-Stoff und seinem Nebenprodukt war in Nordamerika und Europa auch nach heutigen Maßstäben gigantisch. In Nordamerika lag der Pro-Kopf-Verbrauch an Rum, nicht zuletzt wegen des enormen Durstes der Soldaten im Bürgerkrieg, zeitweilig bei 18 Litern pro Jahr – heute trinken die Amerikaner sechs Liter Hochprozentiges jährlich, alle Spirituosen zusammengenommen.

So entstanden um New York herum, in ganz Neu-England, Fabriken, die Rum aus importierter westindischer Melasse destillierten. Und so entwickelte sich der berühmt-berüchtigte ›*three-cornered-trade*‹ – ein blut- und rumgetränktes Dreiecks-Tauschgeschäft mit folgenden Frachten: Melasse aus Westindien zu den Destillerien von Neu-England, von dort aus Rum als Zahlungsmittel für Sklaven nach Afrika, von Afrika Sklaven nach Westindien – die dann wiederum gegen Melasse für die Rumfabriken in Neu-England eingetauscht wurden. Ein Horror-Handel, dem endgültig erst mit der Abschaffung der Sklaverei (1836 auf den englischen, 1848 auf den französischen Karibik-Inseln) ein Ende gesetzt wurde, als die Entdeckung des billigeren Rübenzuckers die Macht der Zuckerbarone Westindiens gebrochen hatte.

Fast alle ›Tropical Drinks‹, die heute in den Touristen-Bars der tropischen Zonen serviert werden, sei es auf Inseln im Pazifik oder im Indischen Ozean, sei es in Brasilien, auf Hawaii oder auf den Seychellen, sind gastronomische Sprößlinge der Karibik. In der Karibik nahm die gastronomische Weltgeschichte des Rums ihren Anfang, genauso wie die der tropischen Drinks und Cocktails. Es ist zugleich die Geschichte der weißen Kolonisatoren und ihrer Opfer, kein Ruhmesblatt bis in unser Jahrhundert hinein. Das soll niemandem den Genuß daran verderben, sich auf einem Korallensandstrand im warmen Passatwind zu räkeln und in der Begleitmusik sanft-plätschernder Lagunen-Wasser und milde-rauschender Palmwedel einen ›Planter's Punch‹ zu schlürfen. Oder gar daran, im ›Schumann's‹ oder wo auch immer wie einst Hemingway im ›Floridita‹ seinen Blick ins ›Daiquiri‹-Glas zu versenken und dabei ans helle Türkis des karibischen Meeres zu denken. Der Genießer sollte nur wissen, daß er dabei einem uralten europäischen Mythos nachhängt – dem vom Paradies der Tropen. ›Tropical Drinks‹ sind nichts anderes als eine schöne Beigabe zu diesem Traum. Ein Sprichwort aus Jamaica nimmt es profaner: »Gott ließ die Menschen sich aufrichten – Rum sorgt dafür, daß sie wieder umfallen.«

So kann man's auch sehen.

Ort und Art der Destillation sind für Rum-Kenner von großer Bedeutung – Rum-Experten unterscheiden soviele Flavours wie Wein-Experten es beim Rebensaft tun. Doch allen Rumsorten gemeinsam ist ihr Grundstoff: der Saft des Zuckerrohrs bzw. die beim Zuckersieden übrigbleibende Melasse, ein brauner, zähflüssiger Rest. Zuckerrohr, bis zu sechs Meter hoch wachsend, hat ein Mark, das zu neunzig Prozent aus zuckrigem Saft besteht, der bis zu achtzehn Prozent Zucker enthält.

Der Reststoff Melasse ist immer noch reich an Zuckerbestandteilen, die sich beim Sieden nicht herauskristallisieren – so reich, daß er erst in Gärung geraten kann, wenn er mit Wasser verdünnt wird. Vor der Gärung werden der verwässerten Melasse *skimming* und *dunder* zugesetzt. *Skimming* ist der Schaum, der sich beim Sieden des Zuckerrohrsafts an der Oberfläche absetzt, *dunder* ist ein alkoholfreier Rückstand aus Hefe, Bakterien und Säuren, der bei früheren Destillationen im Destilliergerät zurückblieb. Beide sind ausschlaggebend für Rum-Geschmack und Aroma.

Einige Rum-Sorten, etwa französische aus Martinique, werden auch direkt aus purem Zuckerrohrsaft oder -sirup destilliert. Wirtschaftlich sinnvoller und verbreiteter war es jedoch lange, aus dem Saft doppelten Nutzen zu ziehen, indem man Zucker heraussiedete und nebenan in der Rum-Fabrik aus den Rückständen Rum destillierte. Durch die schwindenden Weltmarktchancen des Rohrzuckers wurde die übliche Nachbarschaft von Zucker- und Rum-Fabrikation seltener.

Es ist das Geheimnis jedes einzelnen Rum-Herstellers, welche Würzen (etwa Rosinen, Ananas, Zimt oder Vanille) und besonders welche Art von Hefe und Bakterienkulturen er der Maische aus Melasse, Wasser, *skimming* und *dunder* zusetzt, um die Gärung einzuleiten. Diese verläuft beim Rum normalerweise äußerst stürmisch, erreicht ihren Höhepunkt schon nach zwanzig bis dreißig Stunden, wird aber durch Steuerung der Außentemperatur bei manchen Rum-Sorten auf bis zu zwölf Tage verlängert – verlangsamte Gärung schafft stärkeres Aroma. Dabei spalten die zugesetzten Fermente den Zucker in Alkohol und Kohlendioxyd, ein Vorgang, der die Maische im Bottich geradezu brodeln und kochen läßt und der damit endet, daß die zuckerverschlingenden Hefezellen, nachdem sie allen Zucker gespalten haben, sich gierig gegenseitig vernichten.

Bei der folgenden Destillation wird der Maische durch Erhitzen der Alkohol gasförmig entzogen und durch Abkühlung wieder verflüssigt. Die hohe Kunst des Destillierens besteht darin, die Temperatur exakt so zu halten, daß erwünschte Aromastoffe sich mit dem Alkohol verflüchtigen, unerwünsche Aldehyde oder Fuselöle aber zurückbleiben.

Es gibt zwei unterschiedliche Destillierverfahren, die höchst verschiedene Rum-Qualitäten hervorbringen. Das traditionelle Verfahren verwendet Blasen-Destillations-Anlagen (›*pot still*‹), mit denen sich die aromastärksten Begleitstoffe nicht vom Alkohol trennen lassen. Das Resultat sind schwere Rumsorten, *heavy-bodied-rums*, auch *German-flavoured-rums* genannt, da diese Sorten mit 75 bis 80 Prozent Alkoholgehalt meist Grundlage des in Deutschland verschnittenen Rums sind. *Heavy-bodied-Rum* wird fast ausschließlich auf früheren britischen Inseln, insbesondere auf Jamaica, produziert.

Leichtere Rumsorten liefert die fraktionierte Destillation (›*continued still*‹), wobei in mehreren Türmen (›*column-stills*‹) verschiedene Destillate mit unterschiedlich hohen Siedepunkten aufgefangen werden. Dabei lassen sich unerwünschte Aromastoffe besser abtrennen. Die Mischung der Destillate ergibt *light-bodied-rums*, die die schwereren Sorten weitgehend vom Markt verdrängt haben.

Nach der Destillation ist der Rum noch ungenießbar – geschmacklich roh, etwa 75prozentig: *aguardiente*, brennendes Wasser. Erst in monate- oder jahrelanger Lagerung verbinden sich die in der Destillationsflüssigkeit enthaltenen Säuren mit dem Alkohol zu Estern, Vorbedingung für den endgültigen Wohlgeschmack.

Ob der Rum braun wird oder ›weiß‹ bleibt, hängt allein von der Lagerung ab. Erfolgt sie in, meist ausgebrannten, Eichenfässern, verfärbt sich der Rum gelblich oder bräunlich, in Tanks aus rostfreiem Stahl bleibt er farblos. Tiefbrauner Rum ist häufig mit gebranntem Zucker oder Karamel nachgefärbt.

Über die endgültige Farbgebung und Stärke entscheidet der *master blender*, der *maestro de ron*, der für die immer gleichbleibende Mischung der jeweiligen Marke verantwortlich ist.

Rum, Cachaça, Tequila, Mescal

Mexico, Tequilas & Mescals:

Acapulco
Almeca
Arandas
Baja
Beamero
Corrida
Crendain
Don Emilio
Dorado
El Gran Matador
Fonda Blanca
Gavilan
Gusano Rojo Mescal
Herradura
José Cuervo
La Prima
Mariachi
Matador
Miguel de la Mescal
Monte Alban Mescal
Monte Zuma
Old Mexico
Old Mr. Boston
Ole
Olmeca
Pancho Villa
Pepe Lopez
San Matias
Sauza
Souza
Tequila Espuela
Tequila Silla
Two Fingers
Veulo

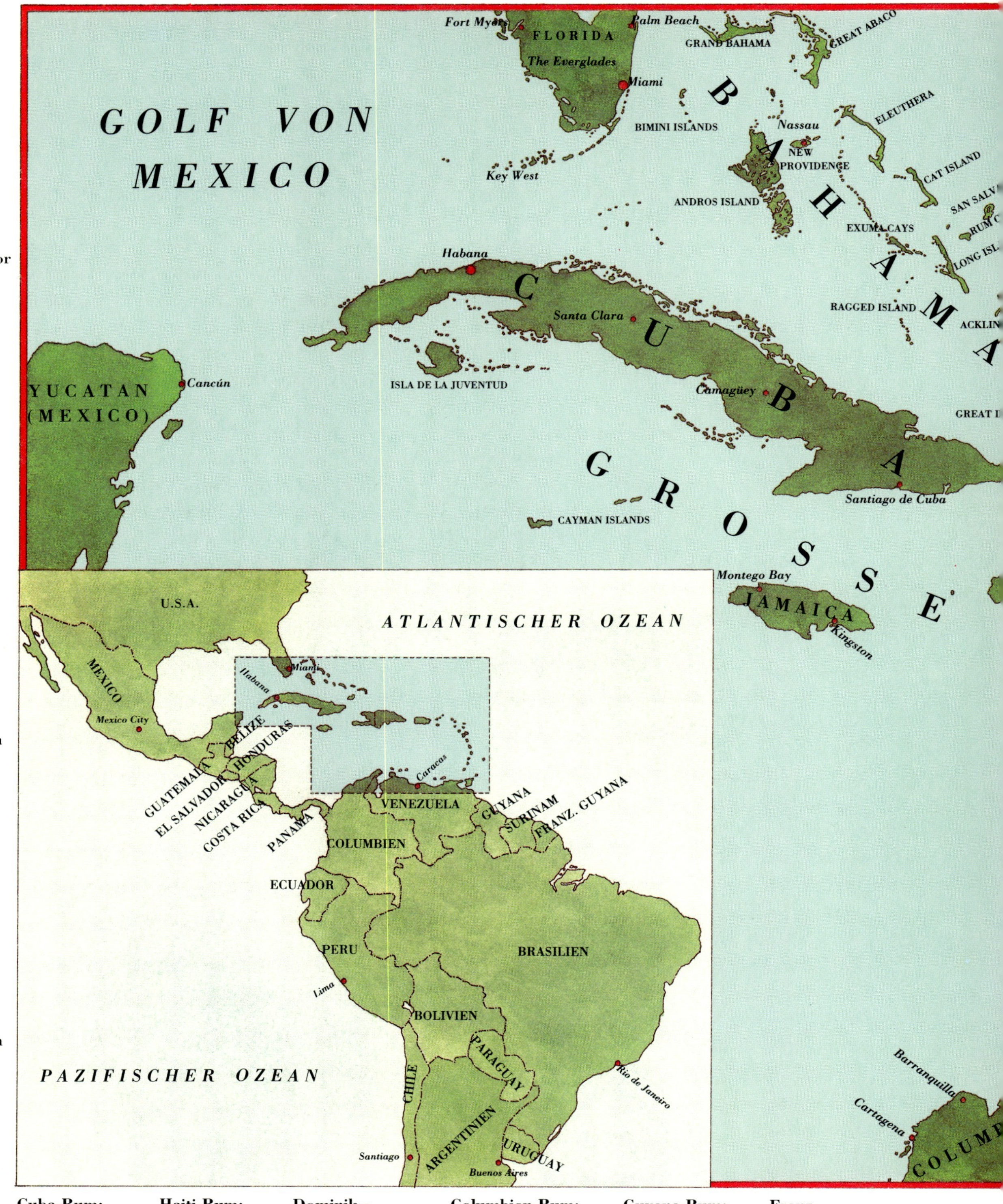

Brasilien, Cachaça:

Pitù
Pinga

Jamaica-Rum:

Appleton
Captain Morgan
Caribean
Columbus
Corona
Coruba
First Rate
Flor de Cabaña
Forgeron
John Canoe
Lemon Hart
Myers's
Parker's Cresta
Red Heart
Robinson

Cuba-Rum:

Havana Club

Haiti-Rum:

Barbancourt
Marie Colas
Champion
Nazon
Tesserot

Dominik.-Republik-Rum:

Bermudez

Columbien-Rum:

Caldas

Guyana-Rum:

Demerara
Courantin

Franz. Guyana-Rum:

Mirande
Prévot

Puerto-Rico-Rum:
Bacardi
Barrilito
Boca Chica
Captain Morgan
Castillo
Don Q
Granado
Palo Viejo
Paso Fino
Ron Bocoy
Ron Llave
Ron Matusalem
Ronrico
Vizcaya

US-Virgin-Islands-Rum:
Cruzan

Montserrat-Rum:
Buccaneer

Guadeloupe-Rum:
Bologne
Bourdou
Fort Ille
Lasserre
Longueteau
Neron
Peres
Tabanou

Dominica-Rum:
Red Cap
Soca
Macoucherie
Marie des Isles
Tafia

Martinique-Rum:
Clément
Courville
Crassous de Medeuil
Depaz
Dillon
Duquesne
Hardy
J. Bailly
La Favorite
La Mauny
Maniba
Neisson
Old Nick
Saint Etienne
Saint James
Trois Rivières

St.-Vincent-Rum:
Sunset

Aruba-Rum:
White Cat

Venezuela-Rum:
Aniversario Pampero
Cacique

Trinidad-Rum:
Kairi
Old Oak

Barbados-Rum:
Mount Gay
Cockspur
Goddard's
Alleyne Arthur's
Calypso

Grenada-Rum:
Clarkes Court
Sipper
River Antoine

St. Lucia-Rum:
Denros Bounty
Admiral Rodney

Cuba

Im Jahr 1793 ließ der Spanier Don Francisco de Arango y Parreño die ersten großen, von Sklaven bearbeiteten Zuckerrohrplantagen auf Cuba anlegen. Es war die Geburtsstunde der für lange Zeit bedeutendsten Zuckerindustrie der Welt, es stellt zugleich aber auch den Beginn der cubanischen Rumfabrikation dar.

Im Laufe der nächsten Jahrzehnte entwickelten cubanische Rum-Hersteller immer wieder neue, eigene Techniken, um die Art von Rum zu destillieren, die sich am besten exportieren ließ und die auch heute noch typisch für Cuba ist: leichter, besonders reiner Rum, aus Melasse destilliert, mit speziell kultivierten Hefen versetzt und mehrfach mit Hilfe von Holzkohle oder Sand gefiltert. Mitte des 19. Jahrhunderts hatte der leichte cubanische Rum bereits den Weltmarkt erobert. Cubas berühmtester Rum-Hersteller startete kurz darauf: Es war am 4. Februar 1862, als der Spanier Don Facundo Bacardi für 3500 Dollar eine Rum-Destillerie im cubanischen Santiago erwarb und sich daran machte, ein Destillierverfahren für einen besonders leichten Rum herauszufinden, der pur genossen werden konnte. Don Facundo ging jedoch nicht nur wegen des berühmten Bacardi in die Geschichte Cubas ein, sondern auch als Kämpfer für die cubanische Unabhängigkeit von Spanien, was ihm einige Jahre Exil auf einer Insel vor der afrikanischen Küste einbrachte. Nach Cubas Befreiung wurde er Bürgermeister von Santiago.

Wie die gesamte cubanische Rum-Produktion, profitierte auch das Unternehmen Bacardi in den 20er Jahren dieses Jahrhunderts von der Prohibition in den USA. Um den US-Durst löschen zu können, produzierte Bacardi ab 1930 auch in Mexico, ab 1935 in Puerto Rico. Als Fidel Castro 1960 die cubanische Rum-Produktion verstaatlichte, verlegte Bacardi seinen Hauptsitz in die puertoricanische Destillerie.

Cubas Regierung hat heute die Rum-Industrie reorganisiert und wieder angekurbelt: Auf dem ehemaligen Bacardi-Gelände entstand eine neue Rum-Fabrik, mit 30 Millionen Litern jährlicher Produktion und einem Areal von 140 000 Quadratmetern, auf dem ca. 200 000 Eichenfässer lagern, die größte Rum-Destillerie der Welt.

Cubanischer Rum von heute mit dem aus dem Jahr 1878 stammenden Markennamen ›Havana Club‹ wird, wie es cubanischer Rum-Tradition entspricht, in zwei Geschmacksrichtungen hergestellt: der leichte *Carta Blanca*, dem ›weißen‹ Rum, Basis für die berühmten cubanischen Cocktails, sowie der *Carta Oro*, eine mit Karamel gefärbte, schwerere, süßlichere, aber immer noch trockene Sorte.

Und außerdem gibt's natürlich noch den Stolz jeder Destillerie, den *Añejo*, eine extra lang gelagerte, rare Spezialität.

Puerto Rico

Die Große-Antillen-Insel Puerto Rico war vermutlich die erste karibische Region, in der Rum produziert wurde: Ihr erster Gouverneur Ponce de Léon baute gleich nach seiner Ankunft im Jahr 1508 eine Destillerie. Heute ist Puerto Rico mit seinen vierzehn industriellen Destillerien größter Rum-Produzent der Welt, die USA beziehen achtzig Prozent ihres Rums aus Puerto Rico. Diese Vormacht verdanken die puertoricanischen Rumfabrikanten besonders den Zollvorteilen, die sie gegenüber anderen karibischen Exporteuren haben, da Puerto Rico Zollinland der USA ist. Puertoricaner sind schon seit 1917 US-Staatsbürger, seit 1962 hat Puerte Rico den Status eines assoziierten autonomen Staates der Vereinigten Staaten.

Die Destillerien auf Puerto Rico sind über die ganze Insel verteilt, was bei der landschaftlichen Vielfalt der Insel bedeutet, daß manche in Trockengebieten, andere in Regenzonen liegen und daß sie Zuckerrohr verarbeiten, das auf entsprechend unterschiedlichen Böden wächst. Da außerdem jeder puertoricanische Hersteller seine eigene spezielle Hefe züchtet, unterscheiden sich Puerto Ricos Rum-Sorten sehr stark voneinander. Grundsätzlich ist der puertoricanische Rum aber leicht und trocken. Er wird in fraktionierter Destillation aus Melasse gewonnen.

Puerto Rico ist nicht zuletzt durch seine Rum-Produktion zum wohlhabendsten Saat der Karibik geworden. Daß die Regierung eine eigene Forschungs-Destillerie an der Universität von Puerto Rico betreibt, zeigt auch, von welch existentieller Bedeutung der Rum für die Insel geworden ist.

Die größte Destillerie gehört dem ehemals cubanischen Unternehmen Bacardi, das inzwischen auch in Mexico, Spanien, Brasilien, Venezuela, auf Martinique und den Bermudas produziert. Berühmt für seine mehr als sechs Jahre gelagerten, reifen Rums ist das Unternehmen ›Ronrico‹, das stets mehr als hunderttausend Fässer Rum auf Lager hat.

Jamaica

Im vorigen Jahrhundert gab es in Jamaica noch mehr als tausend, zum Teil winzige, Rum-Brennereien. Heute sind noch ganze sieben größere Destillerien übriggeblieben. Jamaicas Rum hat es schwer gehabt auf dem Weltmarkt, denn schon im 19. Jahrhundert entsprach er nicht mehr dem Geschmack der meisten Konsumenten: Jamaica-Rum ist traditionell schwer, wurde früher ausschließlich in Destillierblasen hergestellt und verdankte sein starkes Aroma außerdem noch einer speziellen, verlangsamten Gärung. Zwar eigneten sich die starken *high-continental-* oder *German-flavoured-*Sorten zum Verschnitt in anderen Ländern und konnten sich auf diesem Markt behaupten, doch die Konsumenten karibischen Original-Rums zogen immer mehr die leichteren Rum-Sorten vor. Dennoch hat Jamaicas Rum seinen Weltruhm niemals verloren. Es hat immer Rum-Kenner gegeben, die seine Stärke und sein Aroma besonders schätzten. Das Aroma des Jamaica-Rums ist derart intensiv, daß man – Versuche haben es bewiesen – einen Kubikzentimeter Original-Rum, in hundert Litern Wasser gelöst, noch schmecken kann.

Inzwischen haben sich Jamaicas Destillerien auch umgestellt, destillieren zum Teil nun auch nach dem ›*continued-still*‹-Verfahren und produzieren damit leichte Rums, *Common Clean* genannt. Auch leichtere Sorten aus dem alten ›*pot-still*‹-Verfahren bietet Jamaica inzwischen an, und für den englischen Markt speziell den *Medium-Rum*, der früher *Home-Trade-Quality* genannt wurde und sich wiederum in zwei Qualitäten teilt, die nach den Namen von Plantagenbesitzern aus dem 18. Jahrhundert bezeichnet werden: der *Wedderburn-* und der *Plummer*-Typ, verlangsamt gegorene, mittelschwere Rums, wobei der *Plummer* weniger aromatisch ist.

Noch heute wird der größte Teil der jamaicanischen Rum-Produktion in Fässern nach London geliefert, wo er zum Reifen gelagert und dann erst in Flaschen gefüllt wird. Jamaicas bekannteste Rums sind der ›Appleton‹, der seit 1825 in der Hauptstadt Kingston destilliert wird, und der ›Myers's.‹

Martinique, Guadeloupe, Haiti

Rum besonderen Charakters liefern die französischen Karibikinseln Martinique und Guadeloupe. Der französische Exportrum kommt hauptsächlich aus den zahlreichen Destillerien von Martinique, die jährlich über 160 000 Hektoliter produzieren – rund die Hälfte davon etwa fünfzigprozentiger *rhum*, der direkt aus dem Saft des Zuckerrohrs destilliert wird.

Die nicht gefärbten, in Edelstahlbehältern heranreifenden Sorten aus Martinique heißen *Grappe Blanche* bzw. *rhum agricole*. Sie sind Grundlage des berühmten *punch de la Martinique*, dem nicht nur in Bars, sondern auch auf dem Lande gern getrunkenen Mixgetränk aus *rhum*, Zuckerrohrsirup und Limettensaft.

Dunkelbraun und sehr aromastark ist der ›Rhum Saint James‹, aus Zuckerrohrsirup und sehr viel *dunder* gemacht. Auch die aus Melasse gegorenen Rums aus Martinique haben zumeist starkes Aroma, da man sie lange, acht bis zwölf Tage, gären läßt. Ihre Bezeichnung: *Grand Arôme*.

Der edelste französische Karibik-Rum ist der ›Rhum Clément‹, den es in weißer und gefärbter Qualität gibt und dessen beste Sorten zwölf Jahre im Faß heranreifen. Weniger bekannt in Europa ist aus Melasse destillierter Martinique-Rum, der aus Destillerien kommt, die einst zu den heute stillgelegten Zuckerfabriken Martiniques gehörten.

In Frankreich ist Rum die meistgetrunkene Spirituose, vornehmlich natürlich der von den französischen Antillen. Martinique und Guadeloupe sind seit 1946 französische Départements und gehören damit zur Europäischen Gemeinschaft. Die Hoffnung der Franzosen, mit ihren karibischen Rum-Sorten den europäischen Markt zu erobern, hat sich trotz dieses Zollvorteils nicht erfüllt – der spezielle Charakter des *rhum* aus Martinique verlangt offenbar zuviel Kennerschaft.

Haiti war nur bis 1793 französische Kolonie, hat aber bis heute die französische Art der Rum-Produktion aus Zuckerrohrsaft beibehalten. Speziell haitianisch ist eine doppelte Destillation im traditionellen ›*pot-still*‹-Verfahren, wobei einige Mengen Rum der ersten Destillation, farblos und stark, in Haiti verkauft, aber nicht exportiert werden. Die Bezeichnung dafür: *Clairin*.

Haitis bekanntester Exportrum ist der ›Barbancourt‹, dessen Hersteller noch heute stolz darauf hinweisen, daß das für seine Produktion angebaute Zuckerrohr auf einem Boden wächst, der in seiner Kalk- und Sedimentzusammensetzung exakt dem der besten Weinanbaugebiete Frankreichs entspricht: des Cognac und der Champagne.

Übrige Karibik und andere Länder

Lieblingsrum des ›Jet-set‹ und der Yachtsegler in der Karibik ist in den letzten Jahren der ›Mount Gay‹ aus Barbados geworden, er zeigt die Landkarte des Inselstaates auf seinem Etikett. Der poröse Boden von Barbados aus Kalk, Korallensand und vulkanischer Asche eignet sich besonders gut für den Zuckerrohranbau. Durch die wachsende Beliebtheit des ›Mount Gay‹, egal ob weiß oder braun, hat Barbados seine Rum-Produktion erheblich steigern können. Rum aus Barbados hat sich ansonsten einen speziellen Ruf erworben, da manche Sorten ihren charakteristischen Geschmack durch die Zugabe von Pflaumen in die Maische erhalten.

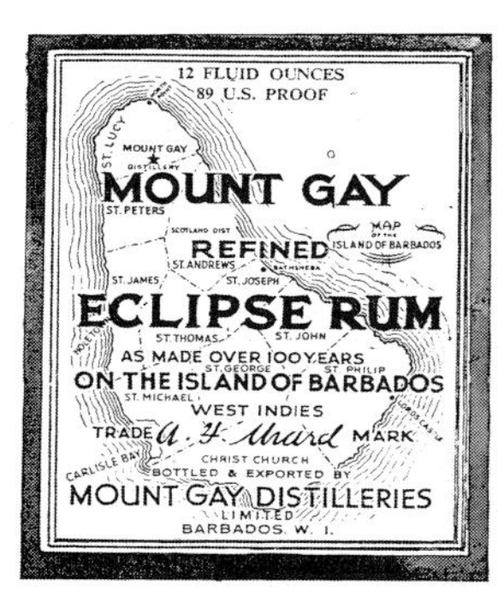

Andere Inselstaaten der Kleinen Antillen, wie zum Beispiel Antigua, Montserrat, St. Kitts/Nevis, Dominica, St. Lucia, St. Vincent/Grenadines und Grenada sowie die vor Venezuelas Küste liegenden holländischen Antillen, fabrizieren ebenfalls Rum (meist in kräftiger, ländlicher Qualität), ihre Produktionskapazitäten sind jedoch so gering, daß diese Rums fast nur lokale Bedeutung haben. Größere Quantitäten produziert Trinidad. Trinidad-Rum wird auch unter dem allgemeineren Namen ›Antillen-Rum‹ gehandelt, er ist sehr leicht und von zartem Geschmack.

Eine Inselgruppe im Norden der Kleinen Antillen, die US-Virgin Islands, ist ein echter Riese im Rum-Geschäft: die amerikanischen Jungferninseln liefern fünfzehn Prozent des in den USA konsumierten Rums. Wie Puerto Rico profitieren sie dabei von einem Zollvorteil, da sie den USA assoziiert und somit Zollinland der Vereinigten Staaten sind. Der Rum der US-Jungferninseln ist etwas schwerer als der puertoricanische, meist wird er in Fässern exportiert. Ein besonders kräftiger Rum der Jungferninsel St. Croix ist der ›Cruzan‹.

Eines der bedeutendsten Rum-exportierenden Länder gehört nicht zu den karibischen Inseln, sondern liegt weiter im Süden auf dem südamerikanischen Festland: Guyana, ehemals britische Kolonie. Aus der Kolonialgeschichte erklärt es sich, daß Guyana heute noch Hauptlieferant der Rums ist, die in England und Kanada getrunken werden. Berühmt ist der ›Demarara‹, genannt nach dem Fluß, an dessen Ufern das Zuckerrohr in Guyana angebaut wird. Der ›Demarara‹ ist durch Karamelfärbung schwarzbraun und erinnert im Aussehen an die schwersten Rums aus Jamaica. Da die Melasse bei seiner Produktion nur kurz gärt, ist er jedoch leichter als die langgärenden Jamaica-Rums. Begehrt ist der ›Demarara‹ heute noch als ›Navy Rum‹ – seit dem 17. Jahrhundert haben alle Matrosen der britischen Royal Navy das Anrecht auf eine tägliche Ration ›Demarara‹. In Guyana selbst aber zieht man Rumsorten wie den ›Courantin‹ vor, die durch Destillation mit verschiedenen Früchten und Gewürzen auf den Geschmack der Einheimischen abgestimmt sind.

Auch im benachbarten Französisch-Guyana und in Venezuela wird Rum destilliert – wie fast überall in tropischen Zonen, wo Zuckerrohr angebaut wird. Von Qualität und Quantität her nicht unbedeutend ist beispielsweise auch die Rum-Produktion der französischen Insel Réunion, im Indischen Ozean nicht weit von Madagaskar gelegen. Réunion-Rum ist farblos und wird nur kurz gelagert.

Kennern bekannt sind auch zwei Rumsorten von den Philippinen: der ›Tanduay‹ und der ›Panay‹. In Ostasien, ursprünglich Heimat des Zuckerrohrs, wird auch eine dem Rum verwandte Spirituose gebrannt, für deren Herstellung ebenfalls Zuckerrohr-Melasse gebraucht wird: der Arrak, ›Rum der Asiaten‹ genannt. Der berühmteste Arrak, der ›Batavia‹ aus Java, wird aus Melasse, Reis und Palmensaft bzw. vergorenem Palmensaft, sogenanntem *toddy*, destilliert.

Da unter Arrak alle Branntweine verstanden werden, die ihr Aroma aus Säften, Blättern oder Früchten von Palmen beziehen, gibt es auch Sorten, die aus Datteln oder Feigen gemacht werden. Hauptproduzenten von Arrak sind neben Java auch Thailand, Indien und Sri Lanka.

Nur eine Region gibt es auf der Erde, in der zwar Rohrzucker-Rum gebrannt, aber kein Zuckerrohr angebaut wird: im früheren ›Neu-England‹, dem heutigen Massachusetts (USA). Die Rumfabriken waren hier als Folge des berüchtigten ›*three-cornered-trade*‹, des Dreieckhandels mit Melasse, Rum und Sklaven zwischen Neu-England, Afrika und den karibischen Kolonien Ende des 18. Jahrhunderts entstanden. Die heutigen Rumfabriken von Massachusetts, die aus westindischer Melasse jährlich 7500 Hektoliter schweren, aromareichen Rum destillieren, sind Relikte der Geschichte – der Geschichte von Zuckerrohr und Rum, die die karibische Region bewegt und geprägt hat wie keine andere auf der Welt.

GERÄTE: Für geschüttelte Drinks wird der SHAKER gebraucht, vorzugsweise der zweiteilige professionelle aus Kristallglas und Edelstahl, auch American- oder Boston-Shaker genannt. Wichtig: Zuerst kommt immer das Eis in den Shaker, dann die nichtalkoholischen Zutaten, der Alkohol zum Schluß.

Das BARSIEB, auch STRAINER genannt, wird gebraucht, um das Eis aus dem Drink zu halten. Seine Spiralfeder paßt das Sieb jeder Shaker- oder Glasgröße an.

Das doppelseitig verwendbare MESSGLAS faßt oben 4 cl und unten 2 cl.

Für Drinks, die gerührt werden, benötigt man das RÜHRGLAS sowie lange BARLÖFFEL.

Zur Barausstattung gehören außerdem EISBEHÄLTER, EISZANGE und EISSCHAUFEL, ein BARMESSER mit Korkenzieher, FLASCHENÖFFNER, BARZANGE, COCKTAILSPIESSE, eine MUSKATREIBE, ein BARBRETT mit Messer für die Früchte, STROHHALME, ein KLEMMVERSCHLUSS für geöffnete Champagnerflaschen.

Und in der ›Tropical Bar‹ darf auf keinen Fall der Elektromixer (BLENDER) fehlen. Mit dem Blender lassen sich Eis, Spirituosen und Säfte zu einem dickflüssigen kalten Drink mixen, wie er zwar in den Tropen, bei uns jedoch weniger verlangt wird. Unentbehrlich ist er hier für Drinks mit frischen Früchten in Verbindung mit Spirituosen und Eis. Dabei werden zuerst die flüssigen Zutaten, dann das Eis *(crushed ice)* hineingegeben, zuletzt die in Stücke geschnittenen Früchte. Den Blender läßt man zuerst etwa fünf Sekunden bei langsamer Geschwindigkeit (low speed) laufen, dann 15 bis 20 Sekunden bei hoher Geschwindigkeit (high speed), danach wird die ganze dicklich-eisige Masse direkt, ohne abzuseihen, ins Cocktailglas gegeben.

GLÄSER: Kleine Cocktailschale (1), Cocktailglas oder Champagnerschale (2), Sekt- oder Champagnerflöte (3), Südweinglas (4), Sourglas (5), Whiskyglas *(tumbler, old fashioned)* (6), Longdrinkglas (7), Superlongdrinkglas (8), kleines Glas für exotische Drinks (9), großes Glas für exotische Drinks (10), Punschglas (hitzebeständig) (11).

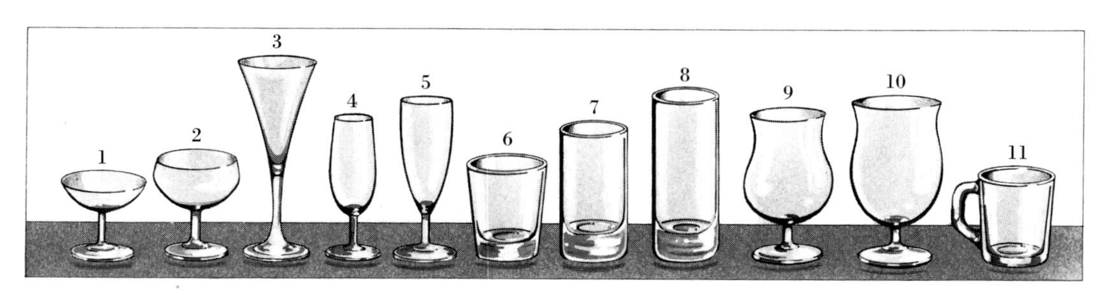

An WEINHALTIGEN ALKOHOLIKA braucht man in der ›Tropical Bar‹ Sherries (dry, medium und sweet), Vermouths (bianco, dry und rosso) sowie Dubonnet.

An LIKÖREN sollten vorhanden sein: Triple Sec (Cointreau), Tia Maria, Kahlúa, Southern Comfort, Amaretto, Galliano, Crème de Cassis, Crème de Menthe (grün und weiß), Crème de Banane, Crème de Cacao (weiß und braun), Apricot Brandy und Cherry Heering.

An SPIRITUOSEN natürlich an erster Stelle Rum – weißen (40%), golden und braunen Rum (40%) sowie hochprozentigen (72/83%). Daneben Tequila (klar und hellbraun), Mescal und Cachaça (Pitú).

An SÄFTEN sollten vorrätig sein: Lemon Juice bzw. Zitronensaft (ausschließlich frisch), Lime Juice (Roses), Pineapple Juice (aus der Dose, unbedingt ungesüßt), Orange Juice (auch nur frisch) sowie Säfte der Tropenfrüchte Maracuja, Mango, Papaya und der Annonen, außerdem Tomatensaft.

SIRUPS werden gebraucht von: Grenadine, Maracuja, Banane, Mango, Limette, Coconut, Erdbeere, Preiselbeere, außerdem Mandel-, Mint- und Zuckersirup.

An LIMONADEN und WASSER sollten Tonic Water, Cola und Sodawasser vorrätig sein.

Und natürlich FRISCHE FRÜCHTE, ADDITIVES und GEWÜRZE: Mango, Orangen, Zitronen, Limetten, Papaya, Passionsfrucht, Cherimoya, Ananas. Dann Tabasco, Worcestersauce, Muskatnuß, Angostura-Bitter. Sowie Oliven (grün und schwarz), Cocktailkirschen, Pfeffer, Salz, Würfelzucker, Selleriesalz, Eier und Sahne.

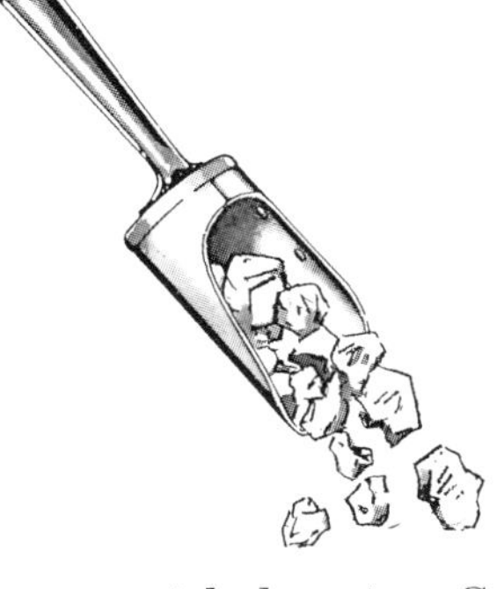

›Tropical Drinks‹, Hot Punches und Grogs natürlich ausgenommen, müssen immer eiskalt sein. Grundregel für das Eis: Je kälter es ist, desto besser, da es den Drink dann weniger verwässern kann.

In vielen Rezepten wird die Zubereitung der Drinks ›im Shaker auf gestoßenem Eis‹ *(crushed ice)* empfohlen. Im allgemeinen sind sie dann kalt genug. Beim Eingießen in die Cocktailgläser sollte darauf geachtet werden, daß keine Eisstücke mit in den Drink kommen. Wer den Drink so aber noch nicht kalt genug findet, kann auch eine Schaufel frischgestoßenes Eis in die Cocktailschale ›türmen‹ und dann den Drink hineingießen.

Gerührte Drinks, die kein Eis im Glas enthalten sollen, werden im Rührglas auf sehr viel kaltem Eis gerührt und dann durch das Barsieb abgeseiht. Grundsätzlich gilt: Im Rührglas gerührt werden alle dünnflüssigen Drinks, die aus Zutaten bestehen, die sich leicht verbinden. Ins Rührglas gehören immer Eiswürfel, nie gestoßenes Eis. Gerührte Drinks bleiben klar, geschüttelte werden trüb.

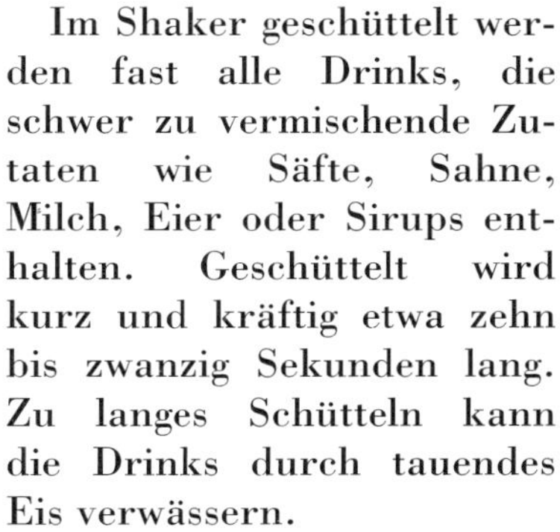

Im Shaker geschüttelt werden fast alle Drinks, die schwer zu vermischende Zutaten wie Säfte, Sahne, Milch, Eier oder Sirups enthalten. Geschüttelt wird kurz und kräftig etwa zehn bis zwanzig Sekunden lang. Zu langes Schütteln kann die Drinks durch tauendes Eis verwässern.

Eingegossen werden Drinks aus Shaker oder Rührglas nicht in einem Schwung, sondern in zwei oder drei kleineren Intervallen, damit sich alles wirklich gut verteilt.

Drinks, die mit Soda aufgegossen werden, müssen mit einem langen Barlöffel umgerührt werden.

Und für manche Drinks sind eisgekühlte Gläser unerläßlich: Man kühlt sie im Eisschrank oder besser noch im Gefrierfach vor.

»Voy a tomar otro de estos *grandes sin azúcar«*, sagte er zu Serafín.

»*En seguida, Don Tomás«*, antwortete Serafín. »Wollen Sie Ihren Rekord verbessern?«

»Nein, ich will nur in Frieden einen trinken.«

»Als Sie den Rekord aufgestellt haben, haben Sie auch in Frieden einen getrunken«, sagte Serafín. »Sie waren von frühmorgens bis in die Nacht hinein friedlich und ganz beisammen, und am Ende sind Sie noch auf Ihren eigenen Füßen hinausgegangen.«

»Lassen Sie mich in Ruhe mit dem Rekord.«

»Aber Sie haben eine gute Chance, ihn zu verbessern«, sagte Serafín. »Sie brauchen bloß so weiterzutrinken und so wenig zu essen wie bisher, dann haben Sie eine prima Chance.«

»Versuch's mal«, sagte Honest Lil. »Ich bin Zeuge.«

»Zeugen werden nicht benötigt, dazu bin ich da«, sagte Serafín. »Und wenn ich gehe, sage ich Constante, wie es steht. Sie sind jetzt weiter als damals um diese Zeit.«

»Lassen Sie mich mit dem Rekord in Ruhe.«

»Sie sind in Form heute. Sie trinken gut und stetig, und es macht Ihnen nichts aus.«

»Scheiß auf den Rekord.«

»In Ordnung. *Como usted quiere.* Ich zähle auf alle Fälle mit, falls Sie Ihre Meinung ändern.«

»Er zählt selber«, sagte Honest Lil. »Er hat ja seine eigenen Bons.«

»Also, was wollen Sie jetzt, *mujer?* Wollen Sie einen Rekord haben oder wollen Sie bloß einen Schwindel?«

»Keins von beiden, ich will einen *highbalito* mit *agua mineral.«*

»Como siempre«, sagte Serafín...

Ich fühle mich besser, dachte Thomas Hudson, das ist das Komische daran. Jedesmal fühlt man sich besser, und jedesmal kommt man aus einem Loch wieder heraus. Der Tod ist die einzige Sache, über die man nicht hinwegkommt.

»Warst du schon mal tot?« fragte er Lil.

»Bestimmt nicht.«

»*Yo tampoco.*«

»Warum sagst du so was? Du machst mir angst, wenn du so was sagst.«

»Ich wollte dir keine Angst machen, Honey. Ich habe nie jemandem angst machen wollen.«

»Hübsch, wenn du Honey zu mir sagst.«

Das führt auch zu nichts, dachte Thomas Hudson. Gibt es verdammt nichts anderes, was du machen könntest, damit du aus dem Loch herauskommst, als mit dieser alten, abgetakelten Honest Lil in der ›Floridita‹ zu sitzen, am Barende, das für die alten Huren reserviert ist, und dich zu besaufen?

Du hast nur vier Tage, kannst du wirklich nicht mehr damit anfangen? Aber wo? dachte er. In Alfreds Absteigequartier...? Du bist hier schon richtig. Die Drinks könnten nirgendwo auf der Welt besser sein, sie wären nicht einmal so gut, und du bist jetzt mittendrin, mein Lieber. Mach einfach weiter, sieh zu, wie weit du kommst. Es bleibt dir nichts anderes übrig, also finde dich damit ab. Finde dich einfach in jeder Beziehung damit ab. Du hast es immer gemocht und hast dich darauf gefreut. Jetzt hast du's, also finde dich damit ab. Und laut sagte er: »Ich mag es...«

»Was?«

»Die Sauferei. Und nicht bloß die Sauferei. Guck dir diese doppelten Gefrorenen ohne Zucker an; wenn ich den ganzen Zucker mitgetrunken hätte, wäre mir längst schlecht.«

»*Ya lo creo.* Und wenn jemand anderes so viel ohne Zucker getrunken hätte, wäre er tot.«

»Vielleicht gehe ich ja drauf.«

»Du doch nicht. Du brichst jetzt den Rekord, und dann gehen wir zu mir und du schläfst, und das schlimmste, was passieren kann, ist, daß du schnarchst.«

»Habe ich das letzte Mal geschnarcht?«

»*Horrores.* Außerdem hast du mir während der Nacht ungefähr zehn verschiedene Namen gegeben.«

»O je.«

»Ich fand es ganz komisch. Außerdem habe ich zwei oder drei Sachen erfahren, die ich noch nicht wußte. Werden deine anderen Frauen nicht böse, wenn du sie andauernd anders anredest?«

»Ich habe keine anderen Frauen. Ich bin nur verheiratet.«

»Ich gebe mir so viel Mühe, sie zu mögen und gut von ihr zu denken, aber es ist sehr schwer. Natürlich lasse ich nicht zu, daß einer über sie herzieht.«

»Ich ziehe über sie her.«

»Bitte nicht, das ist gemein. Ich hasse zwei Sachen: wenn Männer heulen. Ich weiß, daß sie heulen müssen, aber ich mag's nicht. Und es ist widerlich, wenn sie über ihre Frauen herziehen, und das tun sie fast alle. Tu du's bitte nicht, wir haben's gerade so nett.«

»Einverstanden. Sie soll zum Teufel gehen, aber wir reden kein Wort über sie.«

»Bitte, Tom. Du weißt, daß ich sie sehr hübsch finde, und sie ist es auch, wirklich. *Pero no es mujer para ti.* Aber wir wollen nicht über sie reden.«

»Richtig.«

»Erzähl mir lieber noch eine lustige Geschichte. Meinetwegen braucht diesmal keine Liebe darin vorzukommen, solange sie dir gute Laune macht.«

»Ich glaub, ich weiß keine lustigen Geschichten mehr.«

»Ach, sei nicht so, du kennst tausende. Trink noch einen, und dann erzähl mir eine.«

»Warum strengst du dich nicht mal an?«

»Wieso anstrengen?«

»Wir betreiben das doch bloß zu unserer moralischen Ertüchtigung.«

»Tú tienes la moral muy baja.«

»Klar, das weiß ich auch. Aber warum gibst du nicht ein paar erbauliche Geschichten zum besten?«

»Das mußt du selber besorgen, das weißt du. Für alles andere, was du brauchst, sorge ich. Das weißt du auch.«

Thomas Hudson sagte: »Willst du wirklich noch eine Geschichte hören?«

»Bitte. Hier ist dein Glas. Noch eine Geschichte und noch einen Drink, und dann bist du darüber hinweg.«

»Garantiert?«

»Nein«, sagte sie, sah ihn an und fing wieder an zu weinen, leicht und vollkommen natürlich wie eine Quelle. »Warum sagst du mir nicht, was los ist, Tom? Ich habe Angst, dich danach zu fragen. Ist es das?«

»Das ist es«, sagte Thomas Hudson, und danach begann sie heftig zu weinen, und er mußte den Arm um sie legen, und mitten unter all den Leuten an der Bar mußte er versuchen, sie zu trösten. Jetzt war ihr Weinen nicht mehr hübsch anzusehen. Sie heulte geradeheraus und selbstzerstörerisch.

»Mein armer Tom«, sagte sie, »mein armer, armer Tom.«

»Nimm dich zusammen, *mujer*, und trink einen Cognac. Wir wollten Spaß haben.«

»Ich will keinen Spaß mehr. Ich will nie wieder Spaß haben.«

»Siehst du jetzt, was dabei herauskommt, wenn man redet?«

»Ich nehme mich gleich zusammen«, sagte sie. »Laß mir nur eine Minute Zeit. Ich gehe einmal hinaus, und dann bin ich darüber hinweg.«

Mach schnell, gottverdammich, dachte Thomas Hudson. Mir geht es jetzt wirklich beschissen, und wenn die Heulerei jetzt nicht aufhört oder sie darüber redet, dann schlag ich den ganzen Laden zusammen. Und wo gehst du dann hin? Er merkte, daß alles verbaut war. Die Absteigequartiere waren kein Ausweg.

»Gib mir noch einen doppelten gefrorenen Daiquiri ohne Zucker. *No sé lo que pasa con esta mujer.*«

»Sie kann heulen wie eine Gießkanne«, sagte der Barmixer. »Sie sollten sie als Wasserleitung nehmen.«

»Wie geht's voran mit der Wasserleitung?« fragte Thomas Hudson.

Der Mann links neben ihm an der Bar, ein kleiner Mann mit einem lustigen Gesicht und einer eingeschlagenen Nase, den er gut kannte, aber dessen Namen und politische Partei er vergessen hatte, sagte: »Diese *cabrones*! Für Wasser kriegen sie immer Geld irgendwoher, weil Wasser einfach lebensnotwendig ist. Alles ist nötig, aber für Wasser gibt es keinen Ersatz, und es geht einfach nicht ohne Wasser. Also gibt es immer Geld irgendwoher, wenn sich's um Wasser dreht, und wir kriegen nie eine richtige Wasserleitung.«

»Ich weiß nicht, ob ich Ihnen ganz folgen kann.«

»*Sí, hombre.* Für eine Wasserleitung kriegen sie jederzeit Geld, denn eine Wasserleitung ist absolut nötig, und deshalb können sie sich keine Wasserleitung leisten. Würden Sie die Gans schlachten, die Ihnen die goldene Wasserleitung legt?«

»Warum bauen sie nicht die Wasserleitung und verdienen ein bißchen Geld damit und denken sich einen neuen *truco* aus?«

»Es gibt keinen besseren Trick als Wasser. Wenn du ihnen Wasser versprichst, kriegst du immer Geld. Es gibt einfach keinen Politiker, der sich einen *truco* wie das Wasserleitungsprojekt selber kaputtmachen würde, indem er eine brauchbare Wasserleitung baut. Höchstens Anfänger verstoßen mal gegen die Grundregeln, aber Politiker versündigen sich niemals an den Grundlagen der politischen Ökonomie. Lassen Sie uns einen trinken, auf den Zoll, auf die Staatslotterie, auf die Nieten in der Staatslotterie, auf die festen Zuckerpreise, und darauf, daß wir nie eine Wasserleitung kriegen.«

»Prost«, sagte Thomas Hudson.

»Sind Sie etwa Deutscher?«

»Nein, Amerikaner.«

»Dann lassen Sie uns auch auf Roosevelt, Churchill, Batista und darauf trinken, daß wir keine Wasserleitung kriegen.«

»Und auf Stalin.«

»Selbstverständlich. Auf Stalin, Central Hershey, auf Marihuana und daß wir keine Wasserleitung kriegen.«

»Auf Adolphe Luque.«

»Auf Adolphe Luque, auf Adolf Hitler, auf Philadelphia, auf Gene Tunney und auf Key West und daß wir keine Wasserleitung kriegen.«

Während sie redeten, kam Honest Lil von der Damentoilette in die Bar zurück. Sie hatte ihr Gesicht in Ordnung gebracht und weinte nicht mehr, aber man sah, daß sie etwas abbekommen hatte.

»Kennst du diesen Herrn?« fragte Thomas Hudson, indem er ihr seinen neuen, vielmehr seinen alten neuen Freund vorstellte.

»Nur vom Bett her«, sagte der Gentleman.

»*Cállate*«, sagte Honest Lil, und sie erklärte Thomas Hudson: »Er ist ein Politiker. *Muy hambriento en este momento.*«

»Besonders durstig«, korrigierte der Politiker sie. »Ich stehe Ihnen zur Verfügung«, sagte er zu Thomas Hudson. »Was trinken Sie?«

EL FLORIDITA

»Einen doppelten gefrorenen Daiquiri ohne Zucker. Aber wollen wir das nicht lieber ausknobeln?«

»Nein, das ist meine Sache. Ich habe hier unbegrenzten Kredit.«

»Er ist ein anständiger Mann«, flüsterte Honest Lil Thomas Hudson zu, während der andere sich bemühte, die Aufmerksamkeit des nächsten Barkellners auf sich zu ziehen. »Er ist ein Politiker, aber ein anständiger, und er ist lustig.«

Der Mann legte seinen Arm um Lil: »Du wirst auch jeden Tag dünner, *mi vida*. Ich glaube, wir sind von derselben Partei.«

»Auf die Wasserleitung«, sagte Thomas Hudson.

»Guter Gott, nein! Was machen Sie denn! Wollen Sie uns das Brot aus dem Mund nehmen und Wasser hineintun?«

»Dann trinken wir darauf, daß endlich diese *puta guerra* aufhört«, sagte Lil.

»Darauf wollen wir trinken.«

»Auf den Schwarzen Markt«, sagte der Mann, »auf den Zement, den wir nicht kriegen können, und auf die Herren, die den Saubohnennachschub kontrollieren.«

»Trinken wir«, sagte Thomas Hudson und fügte hinzu, »auf den Reisnachschub.«

»Auf den Reisnachschub«, sagte der Politiker. »Trinkt aus.«

»Ist dir besser?« fragte Honest Lil.

»Sicher.«

Er sah sie an und sah, daß sie wieder dicht am Losheulen war.

»Wenn du heulst«, sagte er, »schlag ich dir den Unterkiefer ein.«

Hinter der Bar hing ein lithographiertes Plakat mit dem Porträt eines Politikers im weißen Anzug und darunter stand *»Un Alcalde Mejor«*, ein besserer Bürgermeister. Es war ein großes Plakat, und der bessere Bürgermeister starrte jedem Trinker direkt in die Augen.

»Auf *Un Alcalde Peor*«, sagte der Politiker. »Auf einen schlechteren Bürgermeister.«

»Kandidieren Sie?« fragte Thomas Hudson.

»Bestimmt.«

»Das ist fabelhaft«, sagte Honest Lil. »Jetzt müssen wir nur ein Wahlprogramm aufstellen.«

»Das ist ganz einfach«, sagte der Kandidat. *»Un Alcalde Peor...* Mit diesem Slogan gewinnen wir. Wir brauchen kein weiteres Programm.«

»Doch, wir brauchen eines«, sagte Lil, »nicht wahr, Tomás?«

»Ich glaube es auch. Wie wär's mit ›Nieder mit den Schulen auf dem Lande‹?«

»Nieder«, sagte der Kandidat.

»Menos guaguas y peores«, schlug Honest Lil vor.

»Erstklassig. ›Weniger und schlechtere Autobusse.‹«

Der Kandidat machte den Vorschlag: »Warum schaffen wir nicht das ganze Transportwesen ab? *Es más sencillo.*«

»Okay«, sagte Thomas Hudson. *»Cero transporte.«*

»Das ist kurz und würdig«, sagte der Kandidat, »und es beweist, daß wir unparteiisch sind. Es ließe sich natürlich erweitern. Wie wäre es mit: *Cero transporte aéreo, terrestre, y marítimo?*«

»Herrlich, es wird ein richtiges Wahlprogramm. Wie stehen wir zur Frage der Aussätzigen?«

»*Por una lepra más grande para Cuba*«, sagte der Kandidat.

»*Por el cáncer cubano*«, sagte Hudson.

»*Por una tuberculosis ampliada, adecuada, y permanente para Cuba y los cubanos*«, sagte der Kandidat. »Das ist ein bißchen lang, aber es macht sich gut im Radio. Und wie stehen wir zur Syphilis, meine Glaubensbrüder?«

»*Por una sífilis criolla cien por cien.*«

»Ausgezeichnet«, sagte der Kandidat. »Nieder mit *Penicilina* und den anderen Tricks des *Yanqui*-Imperialismus.«

»Nieder«, sagte Thomas Hudson.

»Ich glaube, wir müssen wieder was trinken«, sagte Honest Lil, »was meint ihr, Brüder im Glauben?«

»Glänzende Idee«, sagte der Kandidat. »Wer außer dir wäre je auf einen solchen Gedanken gekommen?«

Honest Lil sagte: »Du.«

»Greift meinen Kredit an«, sagte der Kandidat, »laßt uns mal sehen, ob er einen richtigen Beschuß aushält. Barkerl, Barfreund, Knabe! Noch mal dasselbe, und für diesen politischen Verbündeten ohne Zucker.«

»Das wäre auch ein guter Wahlspruch«, sagte Honest Lil. »Cubas Zukker den Cubanern.«

»Nieder mit dem Koloß im Norden«, sagte Thomas Hudson. Und die anderen wiederholten: »Nieder!«

»Wir brauchen mehr patriotische Wahlsprüche, innerstädtische Wahlsprüche. Wir müssen die Außenpolitik beiseite lassen, solange Krieg ist und wir alliiert sind.«

»Trotzdem glaube ich, um das ›Nieder mit dem Koloß im Norden‹ kommen wir nicht herum«, sagte Thomas Hudson. »Wir müssen ihm eins auf den Kopf hauen.«

»Das besorgen wir, wenn ich gewählt bin.«

»Auf *Un Alcalde Peor*«, sagte Thomas Hudson.

»Auf uns alle, auf die Partei«, sagte der *alcalde peor* und hob das Glas: »Die Umstände der Parteigründung müssen festgehalten werden, vergeßt es nicht, und wir müssen ein Manifest verfassen. Den wievielten haben wir überhaupt?«

»Den Zwanzigsten, mehr oder weniger.«

»Den Zwanzigsten was?«

»Den 20. Februar, mehr oder weniger. *El grito de La Floridita.*«

»Ein feierlicher Moment«, sagte Thomas Hudson. »Kannst du schreiben, Honest Lil? Kannst du das Ganze festhalten?«

»Ich kann schreiben, nur jetzt nicht gerade.«

»Es gibt noch ein paar weitere Probleme, denen wir uns stellen müssen«, sagte der *alcalde peor.* »Hör mal, Koloß des

Nordens, warum zahlst du nicht jetzt? Du hast gesehen, wie standfest mein Kredit ist und wie er einen Generalangriff nimmt, aber es ist nicht nötig, den armen Vogel umzubringen, wenn wir wissen, daß er verliert. Los, Koloß.«

»Nenn mich nicht Koloß. Wir sind gegen diesen Scheißkoloß.«

»Das stimmt. Gouverneur. Was bist du überhaupt?«

»Ich bin Wissenschaftler.«

»*Sobre todo en la cama*«, sagte Honest Lil. »Er hat sich ganz intensiv mit China beschäftigt.«

»Also, was du auch bist: Den bezahlst du«, sagte der *alcalde peor*, »und dann können wir mit dem Programm weitermachen.«

»Wie stehen wir zur Familienpolitik?«

»Eine heilige Sache. Die Familie genießt das gleiche Ansehen wie die Religion. Wir müssen sehr vorsichtig und subtil damit umgehen. Wie wäre es mit: *Abajo los padres de familias?*«

»Das hat Würde. Aber ›Nieder mit der Familie‹ wäre einfacher.«

»*Abajo el home.* Es hat was Ergreifendes, wenn es vielleicht auch manche mit *béisbol* verwechseln werden.«

»Und was machen wir mit den Kindern?«

»Lasset die Kindlein zu mir kommen, wenn sie das Wahlalter erreicht haben«, sagte der *alcalde peor*.

»Und wie steht's mit der Scheidung?« fragte Thomas Hudson.

»Auch eine kitzlige Sache«, sagte der *alcalde peor*. »*Bastante espinoso.* Wie steht ihr überhaupt zur Scheidungsfrage?«

»Ich glaube nicht, daß wir uns darauf einlassen sollten. Sie kollidiert mit unserer Kampagne zugunsten der Familie.«

»Also lassen wir sie fallen. Jetzt laßt uns mal in Ruhe nachdenken ...«

»Das kannst du gar nicht mehr. Du bist ja blau.«

»Keine Kritik, Frau«, sagte der *alcalde peor* zu ihr. »Wir müssen jetzt was unternehmen.«

»Was?«

»... *orinar* ...«

»Das ist wahr«, hörte Thomas Hudson sich sagen. »Das ist überhaupt das Allerwichtigste.«

»So wichtig, wie daß die Wasserleitung nicht gebaut wird. Es hat auch mit Wasser zu tun.«

»Mehr mit Alkohol.«

»Verglichen mit dem Prozentsatz an Wasser spielt der Alkohol eine ganz untergeordnete Rolle. Wasser ist die Basis. Aus wieviel Prozent Wasser besteht der Mensch? Sie sind doch Wissenschaftler.«

»Siebenundachtzig Komma drei«, sagte Thomas Hudson und ließ es darauf ankommen, aber er wußte, daß es falsch war.

»Genau«, sagte der *alcalde peor*. »Sollten wir nicht gehen, solange wir uns noch auf den Füßen halten können?«

One cannot make a good Daiquiri without a good rum, without limes and a fine sugar!

Der Original-Daiquiri besteht, wie viele klassische Cocktails, aus nur drei Zutaten: Rum, Limettensaft und Zucker. Der Limettensaft sollte für jeden Drink frisch gepreßt werden; an seiner Stelle kann auch frischer Zitronensaft verwendet werden, niemals jedoch ein Zitronenkonzentrat. Und bei den Frucht-Daiquiris gilt das gleiche: Keine Frucht ist durch ein Konzentrat, Sirup oder Saft zu ersetzen.

Wie bei vielen berühmten Drinks gibt es auch beim Daiquiri eine Legende um seine Entstehung: Erfunden haben sollen ihn Ende des 19. Jahrhunderts die beiden Ingenieure einer Kupfermine, Pagliuchi und Cox, in der cubanischen Provinz Oriente, als sie einige Gäste bewirten wollten und in ihrer Kantine nur Rum, Limetten, Zucker und Eis fanden. Der Cocktail aus dem Vorhandenen fand Anklang, und Pagliuchi soll den Vorschlag gemacht haben: »Warum sollen wir den Drink nicht einfach ›Daiquiri‹ nennen?« Das lag auch nahe, denn der Ort in der Nachbarschaft der Mine trug diesen Namen.

Der König der Cocktails, ›Constante‹ Ribailagua, von 1912 bis 1952 Chef-Bartender in Havannas legendärer ›Floridita‹-Bar, soll während seiner vierzigjährigen ›Regentschaft‹ über zehn Millionen Daiquiris in Cocktailschalen und Champagnerkelche gegossen haben. Constante selbst hat viele Drinks erfunden, allen voran den populären ›Frozen Daiquiri‹. ›El Floridita‹ schmückte man schließlich mit dem Beinamen ›La Catedral del Daiquiri‹, und Ribailagua galt als ›El Rey de los Coteleros‹ (König der Cocktails). Wer von der Bar-Kultur, der Professionalität, dem Stolz, dem Berufsethos, der Besessenheit und der weltweiten Anerkennung der cubanischen Mixer in den 20er und 30er Jahren weiß, der kann ermessen, was es bedeutete, diesen Ruf erworben zu haben.

Ribailagua war ein Perfektionist: Seine Limetten soll er beispielsweise einem Bargehilfen zum Vorkneten gegeben haben, um sie denn selbst noch einmal auf dem Barbrett zu rollen, damit nichts von ihrem Saft verlorenging. Ein englischer Journalist, der Ribailagua bei der Arbeit beobachtete, schrieb 1927: »Allein schon, um Constante am Werk sehen zu können, lohnt Havanna einen Besuch.«

DAIQUIRI NATURAL*

1 Barschaufel gestoßenes Eis

Saft ½ Limette

2 Barlöffel feiner Zucker
oder Zuckersirup

5 cl weißer Rum

Zubereiten im Shaker, kräftig schütteln. Servieren in eisgekühlter Cocktailschale.
** Original-Version von 1898*

CHARLES DAIQUIRI *1980

1 Barschaufel gestoßenes Eis

Saft einer Limette

2 Barlöffel feiner Zucker

2 cl Cointreau

4 cl weißer Rum

2 cl brauner Rum

Zubereiten im Shaker. Servieren in großer Cocktailschale. Mit einem Stück Limettenschale abspritzen und diese dazugeben.

LA FLORIDITA DAIQUIRI

1 Barschaufel gestoßenes Eis

Saft einer Limette

2 Barlöffel feiner Zucker
oder Zuckersirup

1 cl Maraschino

5 cl weißer Rum

Zubereiten im Shaker. Servieren in eisgekühlter Cocktailschale. (Anstelle von Maraschino kann man auch Cointreau nehmen.)

FLORIDA DAIQUIRI

1 Barschaufel gestoßenes Eis

Saft ½ Limette

2 Barlöffel feiner Zucker

1 cl Grapefruitsaft

1 cl Maraschino

5 cl weißer Rum

Zubereiten im Shaker. Servieren in Cocktailschale oder im Champagnerkelch.

FROZEN DAIQUIRI*

1 Barschaufel gestoßenes Eis

Saft ½ Limette

2 Barlöffel feiner Zucker

5 cl weißer Rum

Zubereiten im Elektromixer (Blender). Servieren in Cocktailschale oder im Champagnerkelch.
** Kälteste Version des Daiquiri*

PINK DAIQUIRI

1 Barschaufel gestoßenes Eis

Saft ½ Limette

1 Barlöffel feiner Zucker

1 cl Grenadine

5 cl weißer Rum

Zubereiten im Shaker. Servieren in Cocktailschale.

FRENCH DAIQUIRI

Anstelle von Grenadine Crème de Cassis nehmen.

BANANA DAIQUIRI

1 Barschaufel gestoßenes Eis

½ Banane

Saft ¼ Limette

1 Barlöffel feiner Zucker

5 cl weißer Rum

Zubereiten im Elektromixer. Servieren in großer Cocktailschale oder im Champagnerkelch.
(Ich gebe 2-3 Tropfen Bananensirup dazu!)

PINEAPPLE DAIQUIRI

1 Barschaufel gestoßenes Eis

1 Ananasscheibe

Saft ¼ Limette

1 Barlöffel feiner Zucker

5 cl weißer Rum

Zubereiten im Elektromixer. Servieren in großer Cocktailschale oder im Champagnerkelch.

PEACH DAIQUIRI

1 Barschaufel gestoßenes Eis

½ Pfirsich

Saft ¼ Limette

1 Barlöffel feiner Zucker

5 cl weißer Rum

Zubereiten im Elektromixer. Servieren in großer Cocktailschale oder im Champagnerkelch.

STRAWBERRY DAIQUIRI

1 Barschaufel gestoßenes Eis

1 großer Löffel Erdbeeren

Saft ¼ Limette

1-2 Barlöffel feiner Zucker

5 cl weißer Rum

Zubereiten im Elektromixer. Servieren in großer Cocktailschale oder im Champagnerkelch.

DERBY-ORANGE-DAIQUIRI

1 Barschaufel gestoßenes Eis

Saft einer Orange

Saft ¼ Limette

1 Barlöffel feiner Zucker

5 cl weißer Rum

Zubereiten im Elektromixer. Servieren in großer Cocktailschale oder im Champagnerkelch.

MINT DAIQUIRI

1 Barschaufel gestoßenes Eis

einige Blätter Minze

Saft ½ Limette

2 Barlöffel feiner Zucker

1 cl Cointreau

5 cl weißer Rum

Zubereiten im Elektromixer. Servieren in großer Cocktailschale oder im Champagnerkelch. (Da Minze einen sehr intensiven Geschmack hat, nur wenige Blätter verwenden. Elektromixer etwas länger laufen lassen!)

Wie zwei Angeklagte saßen Farida und Roberto im Omnibus, der quietschend auf der Landstraße von Oranjestad nach St. Nicolaas dahinholperte. Wer nicht blind war, sah auf einen Blick ihr Problem: Roberto hatte einen wolligen Krauskopf und eine Hautfarbe wie Ebenholz, Farida dagegen leicht welliges Haar und einen Teint wie Milchkaffee. Als seien sie nicht betroffen von den Witzen und anzüglichen Bemerkungen, die ihre Mitreisenden ungeniert austauschten, starrten die beiden, während sie sich fest an der Hand hielten, aus dem Fenster hinaus.

Als der Bus bei der Bar Santa Cruz hielt, gab er ihr einen flüchtigen Kuß auf die Wange. Dann lief sie schnell davon, ohne sich umzuschauen. Roberto seufzte ...

Warum mußten Mütter nur so ungerecht sein? Faridas Mutter wollte von Roberto nichts wissen, der dem Mädchen schon ein gutes Jahr den Hof machte. Sie hatte ihrer Tochter oft genug gepredigt, ihre Farbe zu »veredeln«. Roberto sei ja ein netter Junge und verdiene als Beamter auch ganz gut, aber ... eine Ehe mit ihm wäre schließlich ein Schritt zurück auf dem Weg zum Weißerwerden. Zwar sei Farida mit ihren einundzwanzig Jahren eigentlich schon ein altes Mädchen, aber sie sollte sich gefälligst einen Weißen angeln, und wenn schon keinen Arubaner, dann notfalls einen holländischen Polizisten.

Jeden Samstag, wenn Roberto Farida beim Aruba Trading Center traf und vorsichtig aufs Heiraten anspielte, leierte sie die mütterliche Litanei herunter. Und wenn er ärgerlich wurde, rief sie pathetisch: »Sie ist doch meine Mutter!« Trotzdem machte sie ihrer Mutter vor, sie gehe in einen Kurs für Handelskorrespondenz an der Julianaschule, denn nur so konnte sie Roberto sehen.

Er berührte ihre Finger flüchtig, als sie ihm das Lehrbuch für Bilanzrechnen herüberreichte, und während sie ihren Banana-Split auslöffelte, fischte er vorsichtig ihren Brief aus dem Buch und legte den seinen hinein. Dieses allwöchentliche Ritual bedeutete jedesmal das Ende ihres Zusammenseins. Sie fühlte sich nie recht wohl dabei, denn sie hatte Angst, daß jemand sie erkennen und alles der Mutter sagen könnte.

Roberto dachte: So kann das nicht weitergehen. Er spürte in ihren Briefen, daß auch sie sich nach etwas sehnte, das mit den Liebesgeschichten übereinstimmte, die sie abends in ihrem Zimmer verschlang, während die Mutter die Nachbarn mit endlosem Geschwätz über den Lerneifer ihrer Tochter langweilte.

Der Busfahrer, der laut hupend einen Karren überholte, unterbrach seine Träumereien. Roberto fühlte sich an die Brusttasche und schätzte ihren Brief auf sechs Seiten. Immer nur Händchenhalten und Briefchenschreiben, dachte er bitter.

Mit einem Ruck hielt der Bus vor der Ölraffinerie von Aruba. Roberto sah, wie die Arbeiter mit ihren bunten Plastikhelmen herausströmten. Viele gingen

CARTA BLANCA
RUM
Ron
BACARDI
Superior

geradewegs in eine Bar. Sie kamen ihm alle fröhlich vor, obwohl sie vielleicht größere Sorgen hatten als er. Ein Bekannter wollte ihn zum Bier einladen, aber er mußte nach Hause. Die Sonne stach immer unerträglicher. Er wußte genau, was ihn erwartete.

Seine Mutter würde ihm mit ihrer Litanei aufwarten: daß er zu gut sei für ein Mädchen, das nicht einmal wußte, zu wem es »Papa« sagen sollte. »Wie kannst du deinen Vater – er ruhe in Frieden – so beleidigen? Er dreht sich noch im Grab herum! Und deine Mutter ist auch nicht die erste beste. Sie hat schließlich dafür gesorgt, daß du anständig geboren wurdest, mit einer Hebamme und allem, was dazugehört. Und auf einer Matte hast du nie geschlafen, es gab immer ein Bett.« Diese Anspielung machte ihn jedesmal wütend, weil seine Mutter offenbar annahm, Farida und ihre vielen Brüder und Schwestern hätten nie ein eigenes Bett gehabt.

Als er ins Haus trat, sah er ihre imposante Figur am Tisch stehen; sie preßte Tortillas zwischen zwei Tellern. Jetzt kommt die Heulszene, dachte Roberto. Und er würde sie wieder trösten und seine Sohnesliebe bezeugen müssen. Zu seiner Überraschung rollte sie wild die Augen, anstatt wie sonst zu jammern. »Dem mache ich jetzt ein Ende, schneller als du denkst!«

Eine Stunde später betrat sie das baufällige Häuschen der Madushi. Über der Tür hing ein dicker Brotlaib. Wie kann nur jemand glauben, daß sowas vor dem Hungertod rettet, dachte sie. Eigentlich war sie verrückt, sich überhaupt mit der Madushi einzulassen. Ein Geruch von Weihrauch und Salatöl hing in dem Raum, in dem die Madushi die »Brua«, ihre schwarze Kunst, betrieb. Sie war ein kleines Frauchen mit runzligem Gesicht, in dem ein paar giftige Augen unter schwarzen Brauen versteckt lagen.

Früher hatte die Madushi Spanisch gesprochen – sie war nämlich aus der Dominikanischen Republik –, aber sie kam bald dahinter, daß es für sie vorteilhafter war, Französisch zu parlieren: Ihre Kunden hatten einen heiligen Respekt vor Haiti, das allgemein für das Mekka aller übernatürlichen Kräfte gehalten wurde. Wer von dort kam, durfte sich rechtens mit dem Schleier des Geheimnisses umgeben. Das Französisch der Madushi beschränkte sich auf *»parlez moi de ça«* und *»à la vôtre«*, aber das verstanden die Kunden ohnehin nicht, die mit gefühlvoller Umständlichkeit ihre Probleme bloßlegten. Die Madushi war stolz darauf, daß alle ihre Kunden – wenn sie sich nur gewissenhaft an ihre Vorschriften hielten – mit der Erfüllung ihrer Wünsche rechnen konnten. Das Verhältnis von Roberto und Farida war damit unweigerlich zum Untergang verdammt.

Sie saßen einander schweigend gegenüber: die hochgewachsene Negerin und die unansehnliche Vettel, die heftig in einem qualmenden Topf mit dickem schwarzem Brei herumrührte. Zuerst mußten alle Einwände gegen das Verhält-

nis von Roberto und Farida aufgezählt werden; dann wurden die mitgebrachten Fotografien der Liebenden gegeneinander geklebt und in kleine Fetzen gerissen; und ehe sie sichs versah, stand Robertos Mutter wieder draußen, um einen schmutzigen Briefumschlag reicher, aber um einen Hunderter ärmer.

Zu Hause las sie wieder und wieder die Anweisungen der Madushi. Sie war froh, daß sie diesmal nicht bei Vollmond zum Grab ihres Mannes gehen mußte, um dort neunmal auszuspucken. Auch mußte sie nicht unter der heißen Sonne den Hügel »Seru di Noka« hinaufklettern und dort wie eine Verrückte zwei Kakteen kaputt trampeln. Nein, diesmal war es leichter: Sie sollte die Liebenden einladen und ihnen ein Vergißmichgleich anbieten. Das Rezept dieses Trunks, der die Liebe töten würde, war beigefügt.

Roberto hatte Mühe, Farida zu überreden, die Einladung anzunehmen. Doch spätestens als seine Mutter mit strahlendem Gesicht und süßlichen Worten zwei volle hohe Gläser brachte, war ihm klar, daß etwas dahinter steckte. Er wußte nur nicht was.

Farida wurde genötigt, ihr Glas leer zu trinken. Um den seltsamen Geschmack des Vergißmichgleich zu verdecken, hatte Robertos Mutter zwei besonders starke Cuba libre gemixt. Farida war an alkoholische Getränke nicht gewöhnt und sofort beschwipst. Zum Abschied umarmte die Mutter eine laut giggelnde Farida, wobei sie ihrem Sohn zuzwinkerte, was diesen vollends verwirrte. Roberto begleitete das Mädchen nach Hause, und dabei verwirrte ihn noch mehr, daß Farida sich bei ihm einhakte und heftig an ihn drängte. Sie gerieten schließlich ins Straucheln, und als sie von den Häusern etwas weiter weg waren, war es dann soweit.

Robertos Mutter kaufte für einen übertrieben hohen Preis, den sie nicht einmal herunterzuhandeln versuchte, einen Red Snapper, ein paar Bananen, die sie in Scheiben backen wollte, und Maismehl für die Tortillas. Sie wollte Roberto überraschen, mit seinem Lieblingsgericht verwöhnen. Aber er kam nicht.

Dafür brachte einige Tage später der Briefträger ein Telegramm: »Liebe Mama. Danken Dir für Liebe und Cuba libre. Sind glücklich auf Hochzeitsreise. Bis bald Deine dankbaren Kinder Roberto und Farida.«

Schon vor dem großen Run nach Cuba zur Zeit der US-Prohibition hatte sich eine neue Mixed-Drink-Kultur auf der Zuckerinsel zu entwickeln begonnen – begünstigt durch das Entstehen der eisproduzierenden Industrie Ende des 19. Jahrhunderts. Eis in Verbindung mit Cubas Tropenfrüchten und Cubas Rum war die Grundlage der ersten *compuestos* (Mixed Drinks), der *achampanados* (sprudelnde Drinks) und der *meneaos* (Shakes).

Nach dem Ersten Weltkrieg ging der Barboom dann richtig los. Barkeeper aus aller Welt, aus den USA, Frankreich oder Spanien, zog es nach Cuba. Von einem Iren namens Donovan ist überliefert, daß er die Einrichtung seiner Bar in New Jersey von den Spiegeln bis zu den Stühlen einschließlich seines beleuchteten Reklameschilds zusammenpackte und im Zentrum von Havanna als ›Donovans Bar‹ wieder aufbaute. Die ersten Barkeeper, die sich Ruhm und Ruf erwarben, waren Manteca im ›Pasaje‹ und Emilio González, Maragato genannt, im ›Florida‹, beide schon im später obligaten weißen Jackett mit gestärktem Kragen arbeitend. Und mit der Anzahl der talentierten Mixer wuchs die Zahl der Drinks, die dann Weltruhm erlangten, wie etwa der ›Presidente‹, genannt nach Cubas Präsident General Menocal, dessen Durst nach Cocktails ebenso berühmt, wie seine Gier nach öffentlichen Geldern berüchtigt war.

In den 20er Jahren war Cuba jedenfalls die Welthauptstadt des Cocktails, und bei vielen klassischen Drinks ist auch noch die Theke bekannt, an der sie zum erstenmal gemixt worden sind: der ›September Morn‹ etwa im Hotel Inglaterra, der ›Mary Pickford‹ an der Bar des Hotel Sevilla. Überhaupt liebten es die US-Gäste, wenn neue Cocktails nach ihren Stars benannt wurden: Es gab einen ›Gloria Swanson‹, einen ›Greta Garbo‹, einen ›Douglas Fairbanks‹, auch einen ›Caruso‹. Andere benannte man amerikanisch nach Namen der cubanischen Umgebung, wie etwa den ›Isle of Pines‹ (Isla de Pinos, auch: Isla de la Juventud) – einer Insel südlich von Havanna, auf der die saftigsten Grapefruits wuchsen.

Auch in den 40er und 50er Jahren wurde die Bar- und Cocktail-Tradition Cubas weitergeführt, mehr und mehr aber jetzt von einheimischen Barmixern, wie etwa José Maria Vázquez, Erfinder des ›Mulata‹. Der auch aus dieser Zeit stammende ›Mojito‹ ist heute noch der beliebteste Mixed Drink in Cuba. Und der ›Saoco‹ – Rum und Kokosnußmilch – ist eine ganz und gar traditionelle karibische Sache: ein Drink der Fischer und Bauern.

Auch unter der Regierung Fidel Castros lebt die Tradition weiter. Schon 1962 wurde die ›Escuela de Hotelería‹ gegründet, in der heute in einem Übungsraum mit polierter Mahagoni-Bar cubanischer Mixer-Nachwuchs ausgebildet wird. Voraussetzung für das ›Barman Class A Diploma‹: ein Repertoire von mindestens 120 Cocktails.

CUBA LIBRE

3-4 Eiswürfel

5 cl weißer Rum

Coke

¼ Limette

Zubereiten im Longdrink-Glas auf Eis. ¼ Limette darüber ausdrücken und dazugeben, umrühren.

HABANA LIBRE

1 Barschaufel gestoßenes Eis

Saft ¼ Limette

1 cl Grenadine

4 cl weißer Rum

2 cl weißer Rum extra alt

Zubereiten im Longdrink-Glas auf gestoßenem Eis. Gut verrühren, Limettenviertel und Minzezweig dazugeben.

HAVANA SPECIAL

1 Barschaufel gestoßenes Eis

6 cl Ananassaft

1 cl Maraschino

4 cl weißer Rum

Zubereiten im Shaker. Longdrink-Glas zur Hälfte mit gestoßenem Eis füllen, Zutaten hineingießen.

BACARDI COCKTAIL

1 Barschaufel gestoßenes Eis

Saft ½ Limette

1-2 cl Grenadine

5 cl Bacardi

Zubereiten im Shaker. Servieren in eisgekühlter Cocktailschale. (Schumann's Version: 1 cl Zuckersirup, 1 cl Grenadine)

PRESIDENTE (ORIG. VERSION)

6-8 Eiswürfel

1 cl Vermouth dry

2 cl Vermouth rosso

4 cl weißer Rum

1 Spritzer Grenadine

Zubereiten auf Eis im Rührglas. Servieren in eisgekühlter Cocktailschale. Mit Kirsche dekorieren.

PRESIDENTE SECO (DRY)

6-8 Eiswürfel

1 Spritzer Red Curaçao

2 cl Vermouth dry

4 cl weißer Rum

Zubereiten im Rührglas. Servieren in eisgekühlter Cocktailschale. Mit Zitronenschale abspritzen.

FLORIDA SPECIAL

1 Barschaufel gestoßenes Eis

2 cl Orangensaft

1 cl Maraschino

1 cl Red Curaçao (oder Triple Sec)

4 cl Golden Rum

Zubereiten im Shaker. Servieren in eisgekühlter Cocktailschale.

LA FLORIDITA COCKTAIL

3-4 Eiswürfel

Saft ½ Limette

1 Spritzer Grenadine

1 cl Crème de Cacao weiß

2 cl Vermouth rosso

4 cl weißer Rum

Zubereiten im Shaker. Servieren in eisgekühlter Cocktailschale.

MARY PICKFORD

1 Barschaufel gestoßenes Eis

4 cl Ananassaft

1 Spritzer Grenadine

4 cl weißer Rum

Zubereiten im Shaker. Servieren in eisgekühlter Cocktailschale. Mit einer Cocktailkirsche dekorieren.

ERNEST HEMINGWAY SPECIAL

1 Barschaufel gestoßenes Eis

Saft ½ Limette

1–2 cl Grapefruitsaft

1 cl Maraschino

4 cl weißer Rum

Zubereiten im Shaker. Servieren in eisgekühltem Champagnerkelch.

MOJITO

Saft ½ Limette

1 Barlöffel feiner Zucker

6 cl weißer Rum

Soda

Minze

gestoßenes Eis

Zubereitung: Zucker und Limettensaft in ein Longdrink-Glas geben, rühren, bis der Zucker flüssig wird, Minzeblätter darin ausdrücken und ausgedrückte ½ Limette dazugeben.
Mit gestoßenem Eis auffüllen, Rum eingießen, nochmals umrühren, mit etwas Soda abspritzen und mit einem Minzezweig dekorieren.

MULATA

1 Barschaufel gestoßenes Eis

Saft ½ Limette

1 cl Crème de Cacao braun

5 cl weißer Rum

Zubereiten im Elektromixer. Servieren in eisgekühlter Cocktailschale.

Saoco

1 Barschaufel gestoßenes Eis

10 cl Kokosnußmilch

4 cl weißer Rum

Zutaten im Longdrink-Glas auf gestoßenem Eis verrühren.

Flamingo

1 Barschaufel gestoßenes Eis

Saft ¼ Limette

einige Spritzer Grenadine

3 cl Ananassaft

4 cl weißer Rum

Zubereiten im Shaker. Servieren in Cocktailschale.

September Morn

1 Barschaufel gestoßenes Eis

Saft ¼ Limette

einige Spritzer Grenadine

1 Barlöffel feiner Zucker

1 Eiweiß

5 cl weißer Rum

Zubereiten im Shaker. Servieren in eisgekühlter Cocktailschale.

Boina Roja (Red Beret)

1 Barschaufel gestoßenes Eis

Saft ½ Limette

1 cl Grenadine

2 cl weißer Rum

4 cl weißer Rum extra alt

Zubereiten im Longdrink-Glas auf gestoßenem Eis. Gut verrühren, ausgedrückte ½ Limette, Minzezweig und Kirsche dazugeben.

Periodista (Journalist)

1 Barschaufel gestoßenes Eis

Saft ½ Limette

1 Barlöffel feiner Zucker

½ cl Apricot Brandy

½ cl Triple Sec

4 cl weißer Rum

Zubereiten im Shaker. Servieren in Cocktailschale. Mit Limettenschale abspritzen und dazugeben.

Tricontinental

1 cl Grenadine

1 cl Crème de Cacao braun

6 cl Golden Rum

Einen Champagnerkelch mit gestoßenem Eis füllen. Zutaten der Reihe nach langsam einfüllen, daß sie aufeinanderstehen.

Centenario

1 Barschaufel gestoßenes Eis

Saft einer Limette

1 cl Grenadine

1 cl Tia Maria

1 cl Triple Sec

2 cl weißer Rum extra alt

4 cl Golden Rum

Zubereiten im Longdrink-Glas auf gestoßenem Eis, gut verrühren. Mit Minzezweig dekorieren.

Isle of Pines (Isla de Pinos)

3-4 Eiswürfel

6 cl Grapefruitsaft

4 cl weißer Rum

Zubereiten im Longdring-Glas auf Eis.

Bei seiner Rückkehr nach Haiti traf mein Großvater eine völlig veränderte Situation an. Ein Hurrican hatte die Insel verheert und fast die gesamte Ernte vernichtet; anschließend hatten hungernde Bauern aus dem Landesinneren die Hauptstadt geplündert und den Präsidentenpalast gebrandschatzt. Was der Orkan nicht zerstört hatte, war der Wut der Aufständischen zum Opfer gefallen, die erst nach verlustreichen Kämpfen von der Armee, unter dem Kommando des greisen Generals Alexis Nord, wieder vertrieben worden waren. Auch das Haus meines Großvaters im Chemin des Dalles war von den revolutionären Wirren in Mitleidenschaft gezogen; Bücher und Möbel waren gestohlen oder zu Brennholz verarbeitet worden; nur der Bechstein-Flügel hatte, wie ein Fels in der Brandung, dem Volkszorn getrotzt. Der Kompagnon meines Großvaters, Herr Stecher, hatte sich mit der Suite des gestürzten Präsidenten nach Jamaica abgesetzt und dort um polisches Asyl nachgesucht; vor seiner Flucht hatte er Medikamente und Mobiliar der Apotheke verkauft und den Erlös auf einer Schweizer Bank deponiert.

Anstatt sich durch den doppelten Schicksalsschlag entmutigen zu lassen, beschloß mein Großvater, der auch der ausweglosesten Situation noch eine gute Seite abzugewinnen verstand, sich einen lang gehegten Wunsch zu erfüllen, dessen Verwirklichung er bisher, mit Rücksicht auf die angegriffene Gesundheit seiner Gattin, stets aufgeschoben hatte. Zusammen mit Dr. Dupuis, der an einer archäologischen Feldstudie über die untergegangene Kultur der Kariben-Indianer arbeitete, die einst Haiti besiedelt hatten, brach er zu einer botanischen Exkursion ins Landesinnere auf. Zu ihrer Sicherheit schlossen sie sich einer von General Alexis Nord geführten Strafexpedition der Armee gegen die aufständischen Bauern an, die sich nach der Plünderung der Hauptstadt wieder in die Berge zurückgezogen hatten . . .

Der General ritt einen spanischen Hengst, während mein Großvater zusammen mit dem Doktor auf einem Maultier Platz genommen hatte; sie hatten mehrere Packesel bei sich, die ihre wissenschaftliche Ausrüstung, Spaten, Botanisiertrommel und ein Fäßchen mit Rum schleppten, das den Freunden unterwegs zur Stillung ihres Durstes, zur Desinfektion von Wunden und zur Konservierung von Schlangen und Reptilien dienen sollte; auf dem Rückmarsch wollte mein Großvater das Faß zum Transport eines Kaimans benutzen, den der bekannte Zoologe Prof. Grzimek für den Frankfurter Zoo bei ihm bestellt hatte.

Da die Soldaten vom Inhalt des Fasses Wind bekommen hatten, konnte er bei Nacht kein Auge zutun und mußte immer wieder mit Warnschüssen aus seinem Kruppschen Repetiergewehr Neugierige vertreiben, die wie durstige Schakale das wertvolle Faß umkreisten; von Zeit zu Zeit löste ihn der Doktor bei seinem Wachdienst ab. Die kleine Vorhut ritt durch das ausgetrocknete Bett des Artiboniteflusses, der sonst um diese Jahreszeit Hochwasser führte. An Stelle der saftigen grünen Ebene mit ihren Bambushainen und Zuckerrohrfeldern dehnte sich ringsum eine in der Hitze flimmernde Steppe, deren Staub den durstigen Männern die Lippen verklebte und zwischen den Zähnen knirschte. »Diesmal werden wir den Rebellen eine Lektion erteilen, die sie ihr Lebtag nicht vergessen, weil es ihre letzte sein wird«, sagte der General und suchte mit dem Feldstecher die Kämme der umliegenden Hügel ab, über denen mit ausgebreiteten Schwingen ein Adlerpaar schwebte, aus dessen Vogelperspektive sich die marschierende Armee wie eine durch die Wüste kriechende Sandviper ausnahm. »Zwar haben wir nicht die modernste technische Ausrüstung«, fuhr der General fort und warf einen neidischen Blick auf das Kruppsche Repetiergewehr, über dessen Kimme mein Großvater die beiden Adler anvisierte, die gleich darauf tödlich getroffen vor seinen Füßen landeten, »aber an Kampfgeist können es meine Grenadiere mit jeder zivilisierten Armee aufnehmen, von den analphabetischen Bauern ganz zu schweigen, die von militärischer Strategie und Taktik nicht das Geringste verstehen.« Im gleichen Augenblick war – als habe mein Großvater mit seinen Schüssen dem hinter der Uferböschung verschanzten Feind das Signal zum Angriff gegeben – aus allen Richtungen knatterndes Gewehrfeuer zu hören. Die Soldaten warfen ihre Flinten weg und nahmen schreiend Reißaus, während der General, dessen Gesicht jetzt eine aschgraue Färbung angenommen hatte, hinter einem Kaktusdickicht in Deckung ging und seinen Kanonieren befahl, den Mörser zu laden. Das Geschütz war gerade in Stellung gegangen, als ein Meldereiter, dessen Pferd während des Angriffs desertiert war, schwer atmend herbeilief und dem General stotternd die Nachricht überbrachte, daß es sich um einen Fehlalarm gehandelt habe: die Schüsse meines Großvaters hatten unter den in der Hitze detonierenden Fruchtkapseln eines Sandbüchsenbaumes eine Kettenreaktion ausgelöst, die wie Gewehrfeuer klang. »Ich fürchte, ich bin für das Kriegshandwerk doch schon zu alt«, meinte der General, indem er aus seiner Deckung hervortrat und sich mit einem Baumwolltuch, welches sein Adjutant ihm zureichte, den Schweiß von der Stirn tupfte: »Siebzig Jahre sind kein Pappenstiel; in früheren Zeiten hätten meine Sinne mir nicht solch einen Streich gespielt. Geben Sie mir einen Schluck von Ihrem Rum, mon cher Louis. Falls mir auf diesem Feldzug etwas zustoßen sollte, übertrage ich Ihnen und Dr. Dupuis das Kommando über meine Soldaten.« Als mein Großvater dem Wunsch des Generals willfahren wollte, mußte er zu seinem Leidwesen feststellen, daß in der durch den Fehlalarm ausgelösten Panik eine irrtümlich abgefeuerte Kugel den Boden des Branntweinfasses durchschlagen hatte, dessen wertvoller Inhalt unrettbar im Sandboden versickerte. Während er sich vergeblich bemühte, das Loch zu stopfen, verlor der greise General, vom Branntweindunst benebelt, die Besinnung und sank ohnmächtig zu Boden. Im gleichen Augenblick – der Doktor beugte sich gerade über den Gestürzten, um ihm den Puls zu fühlen – war ein trockener Donnerschlag zu hören und ein unterirdisches Grollen lief durch die Ebene, das wie fernes Artilleriefeuer klang. Vom Lärm geweckt, schlug der General die Augen auf. Handelte es sich um ein Erdbeben? Oder hatte die mit Haiti verfeindete Dominikanische Republik den Aufständischen moderne Geschütze geliefert, mit denen sie jetzt zum Angriff übergingen? Der General fand keine Zeit mehr, sich diese Fragen zu beanworten, denn im gleichen Augenblick toste eine Sturzflut durch das ausgetrocknete Flußbett, deren schäumende Wassermassen eine Lawine von Geröll und Gestrüpp, entwurzelten Bäumen und Negerhütten mitsamt ihren Bewohnern vor sich her schoben. In Sekundenschnelle verwandelte sich die umliegende Ebene in eine Wasserwüste, in deren lehmgelben Fluten die gesamte 8. Feldarmee mit Mann und Maus, Roß und Reiter unterging, ohne die geringste Spur in der Geschichte zu hinterlassen: nur die stachligen Arme eines Kaktus oder die dornigen Äste eines Sandbüchsenbaumes, in denen sich der Degen eines Offiziers oder das Kochgeschirr eines Soldaten verfangen hatte, ragten hie und da aus dem Wasser. Mein Großvater erhielt einen Schlag mit dem Gewehrkolben gegen die Stirn, dann wurde ihm schwarz vor Augen.

Im Traum irrte er durch einen von Glühwürmchen schwach erhellten Urwald, in dessen Tiefe, auf einem schwankenden Bett aus Seerosen, ihn eine nackte Seejungfrau erwartete, die sich unablässig mit einem silbernen Kamm ihr mit Goldstaub überpudertes Haar kämmte. Ihre Augen blickten tief und dunkel wie das schwarze Wasser, in das sie ihn hinabzog, in einer Umarmung von beklemmender Süße und Seligkeit, aus der er nie mehr erwacht wäre, wenn sich nicht der Kragen seines Hemdes in einer Astgabel verfangen hätte, die seinen Kopf über Wasser hielt. Als mein Großvater die Augen aufschlug, hielt er an Stelle der nackten Seejungfrau das leere Branntweinfaß im Arm, das noch immer einen betäubenden Duft nach Alkohol ausströmte, und spürte einen stechenden Schmerz im Gesäß: die Flut hatte ihn, mitsamt dem schwimmenden Faß, an dem er sich festhielt, in die offenen Arme eines Kaktus getrieben, dessen stachlige Umklammerung ihm das Leben rettete. An der Stirn spürte er eine schmerzhafte Beule, die ihm der Kolben seines Repetiergewehrs geschlagen hatte, das, von Schlamm und Schlingpflanzen verstopft, von seiner Schulter herabhing; im übrigen war er, bis auf die Nadelstiche im Gesäß, die sich bei jeder Bewegung unangenehm bemerkbar machten, unverletzt. Die Wassermassen hatten sich so schnell wieder verlaufen, wie sie gekommen waren, und nur ein paar schmutzige Tümpel zeugten von der Sintflut, die eine ganze Armee verschlungen hatte. Die gesamte Ebene war, soweit das Auge reichte, mit lehmigem Schlamm überzogen, aus dem die aufgetriebenen Bäuche verendeter Pferde und Esel wie Felsinseln hervorragten, auf denen sich Raben und Aasgeier zum Fraß niederließen. Ganz in der Nähe schaute das Mündungsrohr des Mörsers aus dem Schlamm hervor, dessen zerbrochenes Rad sich knarrend drehte, als der Wind in die Speichen griff, und in einiger Entfernung schwamm, umrahmt von in Reih und Glied aus dem Boden ragenden Bajonetten, die Mütze des Generals wie ein seetüchtiges Boot in einer von Regentropfen aufgepeitschten Pfütze. Mein Großvater fischte die Mütze aus dem Wasser, um sie bei der Rückkehr in die Hauptstadt der Witwe des Generals als Andenken zu übergeben, wobei er sich seines Kruppschen Repetiergewehrs als Angel bediente, da hörte er ganz in seiner Nähe ein ängstliches Wiehern und erblickte über sich, im Geäst eines Sandbüchsenbaums, den gefleckten Bauch eines Maultiers, das sich mit Huftritten gegen einen Kaiman zur Wehr setzte, der es am Schwanz ins Wasser zu ziehen versuchte. Auf dem Rücken des Reitesels saß strampelnd der Doktor und begrüßte meinen Großvater als Retter in höchster Not. Mit einem Schuß aus seinem Repetiergewehr, der mehr Schlamm und Schlingpflanzen als Blei zutage förderte, vertrieb er das gefräßige Ungeheuer und befreite den Doktor mit dem Lasso aus seiner mißlichen Lage. Die erste Sorge der Freunde, nachdem sie einander zu ihrer wunderbaren Rettung beglückwünscht hatten, galt dem Branntweinfaß, in dem sich noch immer ein Rest Rum befand, der ihnen auf dem Rückmarsch wertvolle Dienste leisten konnte; sie verstöpselten das Faß mit einer Fruchtknolle eines Sandbüchsenbaums, fischten ihr Gepäck aus den umliegenden Teichen und setzten die durch das Unwetter unterbrochene Exkursion fort . . .

Als er einen überhängenden Zweig zur Seite bog, erblickte er einen rauschenden Wasserfall, in dessen Sprühregen das schräg einfallende Sonnenlicht mehrere, einander überwölbende Regenbögen malte: Im Kreuzungspunkt dieser Regenbögen, deren irisierendes Licht ihn an

die Kirchenfenster einer gotischen Kathedrale erinnerte, kauerte eine nackte junge Frau und strähnte mit einem Silberkamm ihr bis zum Boden herabfließendes Haar, das ein vorüberfliegender Schmetterling mit Goldstaub überpuderte. Mein Großvater wollte sich diskret zurückziehen, aber die junge Frau hatte ihn bereits bemerkt und forderte ihn mit einem stummen Augenaufschlag auf, ihr zu folgen. Hinter dem Vorhang aus rieselndem Wasser öffnete sich der Eingang einer Höhle, die von Glühwürmchen schwach erhellt war, bei denen es sich, wie mein Großvater bei genauerem Hinsehen erkannte, um Schmetterlinge der Gattung Pyralitae handelte, die hier ihren auf den Bergen gesammelten Goldstaub abluden. Die gute Fee – denn um eine solche handelte es sich – nahm meinen Großvater an der Hand und führte ihn durch geheime Gänge, an deren Wänden Trauben von Fledermäusen hingen, in eine unterirdische Schatzkammer, wo das Gold in einer vulkanischen Schmiede geschmolzen und zu Schmuck, Trinkgefäßen und Statuen verarbeitet wurde, deren Anblick ihn an aztekische Götzenbilder erinnerte: Säuglinge und Greise, Bucklige und Gebärende, welche, an Stelle menschlicher Gesichter, die Schnäbel von Schildkröten und Papageien, die Klauen und Fänge von Kaimanen und Jaguaren trugen. Die Fee sagte zu meinem Großvater, er brauche keine Angst zu haben: Im Volksmund werde sie Maman Zimbie genannt, weil sie in Quellen und Teichen zu Hause sei und im Rufe stehe, jeden, der ihr zu tief in die Augen geblickt habe, ins Wasser herabzuziehen. Das sei ein dummer Aberglaube; ihr richtiger Name laute Anacoana und sie sei die Königin der Taino-Indianer... Meinen Großvater habe sie ausersehen, für den Fortbestand ihres Stammes zu sorgen. Mit diesen Worten zog sie ihn auf ihr Bett aus Schlingpflanzen und Seerosen nieder, aus dem er sich erst sieben Jahre später wieder erhob...

Die sieben Jahre vergingen wie im Flug. Mein Großvater wäre gern noch länger im Bett der Königin Anacoana geblieben, wo es ihm an nichts mangelte, aber nach der Geburt ihrer sieben Söhne hatte sie keine Verwendung mehr für ihn und schickte ihn nach Hause, nachdem sie ihm strengstes Stillschweigen auferlegt hatte über alles, was er in ihrem unterirdischen Reich gesehen und erlebt hatte. Als er sie bat, ihm zum Abschied etwas von ihrem Gold zu schenken, sagte die Königin, sie habe ihn bereits reich beschenkt: Die Knolle, mit der er sein leckgeschlagenes Branntweinfaß verstöpselt habe, sei kostbarer als Gold; sie stamme von einer wundertätigen Frucht, die den Priestern der Taino-Indianer dazu gedient habe, Zwiesprache mit ihren Göttern zu halten. Es handle sich nicht um die Kapsel eines Sandbüchsenbaums, sondern um eine Kolanuß; mein Großvater brauche bloß ein wenig an der Nuß zu reiben und das herabrieselnde Pulver mit Wasser und Rum zu vermischen, und er sei ein gemachter Mann. Allerdings dürfe er das Rezept dieses Zaubertranks niemandem verraten. Gesagt, getan. Mein Großvater hatte kaum den Wasserfall durchquert und sich am Ort seines Nachtlagers eingefunden, wo der Doktor noch immer schnarchend in der Hängematte lag – an Stelle von sieben Jahren schienen nur sieben Minuten vergangen zu sein –, da machte er auch schon die Probe aufs Exempel. Er legte sich rücklings unter das Branntweinfaß, zog den Stöpsel heraus und ließ die dunkelbraune Flüssigkeit, die über Nacht im Innern des Fasses gegärt hatte, in seinen geöffneten Mund rinnen. Das Resultat war umwerfend: schon nach dem ersten Schluck fühlte er sich wunderbar erfrischt und erquickt, belebt und berauscht zugleich: am liebsten hätte er das ganze Faß in einem Zug leergesoffen. Statt dessen beschloß er, das Glück beim Schopf zu packen und seine Entdeckung in klingende Münze zu verwandeln.

Leise, um den Doktor nicht zu wecken, mit dem er seinen Profit sonst hätte teilen müssen, stand er auf, sattelte sein Maultier und rollte das Faß zu Tal, wobei er es so eilig hatte, daß das Maultier kaum mit ihm Schritt halten konnte. Unterwegs kam er aus dem Staunen nicht heraus: die Straßen der Hauptstadt blitzten in der Sonne, als habe es nie eine Überschwemmung gegeben, und die Häuser waren mit Fahnen und Transparenten geschmückt; die gesamte Bevölkerung war auf den Beinen und bereitete ihm einen begeisterten Empfang . . .

Der Präsident der Republik schritt ihm mit ausgebreiteten Armen entgegen, eine Schärpe in den Landesfarben um den Bauch, um ihn brüderlich willkommen zu heißen. Erst jetzt begriff mein Großvater, was die Stunde geschlagen hatte; die Prophezeiung der guten Fee erfüllte sich schneller als erhofft: Der neue Präsident war nämlich kein anderer als der greise General, den die Sintflut, welche seine gesamte Armee verschlang, auf direktem Wege in die Hauptstadt und auf den Gipfel der Macht gespült hatte . . .

Mein Großvater händigte dem General seine vermißte Mütze aus, die noch heute im historischen Museum von Port-au-Prince gezeigt wird, und wurde dafür mit einem passenden Orden belohnt. Als Gegenleistung dafür, daß er über den Verlauf des Feldzugs strengstes Stillschweigen bewahrte, ernannte ihn der neue Präsident zum obersten Arzneilieferanten der Armee und erteilte ihm eine uneingeschränkte Lizenz zur Herstellung eines Erfrischungsgetränks, welches später unter der Markenbezeichnung Coca-Cola die Welt erobern sollte.

Jeder klassische Cocktail hat grundsätzlich drei Bestandteile: die Basis *(base)*, den *modifier* oder auch *aromatizer* und den *colouring agent* bzw. das *special flavouring*. Bei den klassischen Rum-Drinks ist also Rum die Basis, *modifier* sind oft italienische oder französische Vermouths, aber auch Fruchtsäfte oder Zucker gehören dazu. *Colouring agent* oder *special flavouring* können Fruchtsirups, etwa Grenadine, sein, oder auch Brandy oder Fruchtliköre, Apricot Brandy etwa oder Cointreau. Dabei dürfen diese niemals den Geschmack der Basis, des Rums also, dominieren – *ein Cocktail auf Rum-Basis muß immer auch nach Rum schmecken.*

Manche klassischen Rum-Cocktails haben ihre Vorbilder in anderen Bar-Klassikern: der ›Pedro Collins‹ (bzw. ›Rum Collins‹) etwa ist eine Variation der berühmten ›John Collins‹ und ›Tom Collins‹, beide erfunden vom Barkeeper des ›Limmer's Hotel‹ in London Anfang des 19. Jahrhunderts. Dieser hieß John Collins, sein Cocktail auf Geneva-Gin-Basis ist nach ihm benannt, sein Mixed Drink mit Old Tom Gin wurde zum ›Tom Collins‹.

Auch beim ›Manhattan‹, ›Old Fashioned‹, ›Gimlet‹, ›Fizz‹, ›Highball‹ etc. kann der Basis-Alkohol durch Rum ersetzt werden.

Als *modifier* verwendet man oft italienische und französische Vermouth-Weine, nur diese dürfen auch die Bezeichnung Vermouth tragen. Dabei handelt es sich um mit Auszügen von etwa fünfzig aromatischen Kräutern – unter anderem Wermutkraut – gewürzte Weine. Die meisten Vermouths haben etwa 16 Prozent Alkoholgehalt, trockene Vermouths mindestens 18 Prozent.

Die Zahl der zum *flavouring* verwendbaren Liköre oder Brandys ist groß. Besonders gut harmoniert Rum aber mit Fruchtlikören wie Cointreau, dem Likör aus den Schalen bitterer Orangen, mit dem Apfelbranntwein Calvados oder dem Apricot Brandy. Ebenfalls aus bitteren Orangen gemacht ist der Likör Créole Clément vom Rumhersteller Clément aus Martinique.

In die ›Tropical Bar‹ gehört aber auch der Southern Comfort, Likör auf Burbon-Whiskey-Basis mit ausgeprägtem Pfirsich-Aroma, der außer mit Pfirsichen auch noch mit Orangen und Kräutern gewürzt wird. Weitere tropische Liköre sind etwa Tia Maria, in Jamaica hergestellt aus tropischen Kräutern, Vanille, Zuckerrohrsaft und Blue-Mountain-Kaffeebohnen. Auch Curaçao gehört dazu. Curaçao werden alle Liköre genannt, die aus den Schalen der Pomeranzen-ähnlichen Curaçao-Früchte destilliert sind, die ursprünglich nur auf der holländischen Karibikinsel gleichen Namens geerntet wurden. Tropische Produkte sind ebenfalls der mexicanische Kaffeelikör Kahlúa oder der Eau de Créole, westindischer Likör aus den Blüten des Mammaibaums.

Alle Liköre, die als ›Crème de …‹ bezeichnet werden, sind besonders süß.

Wichtigste ›Crème-Liköre‹ in der Bar sind:

›Crème de Cacao‹ (weiß und braun)
›Crème de Menthe‹ (weiß und grün)
›Crème de Banane‹
›Crème de Vanille‹ (Galliano)
›Crème de Cassis‹

Diese Liköre sind mit größter Vorsicht zu verwenden – etwas zu viel davon in einem Cocktail vernichtet das Aroma des Basis-Alkohols und kann den Drink ungenießbar machen.

Black Devil (Rum Martini)

6-8 Eiswürfel

1 cl Vermouth dry

5 cl weißer Rum

Zubereiten im Rührglas. Servieren in kleiner, eisgekühlter Cocktailschale. Schwarze Olive dazugeben.

Rum Old Fashioned

1 Stück Würfelzucker

mit 2-3 Spritzer Angostura tränken

3-4 Eiwürfel

5 cl weißer Rum

Zubereiten im Old-Fashioned-Glas (Tumbler). Cocktailkirsche, Zitronen- und Orangenviertel dazugeben. Mit Wasser oder Soda auffüllen.

Cuban Manhattan (Sweet)

6-8 Eiswürfel

2 Spritzer Angostura

2 cl Vermouth rosso

4 cl weißer Rum

Zubereiten im Rührglas. Servieren in eisgekühlter Cocktailschale. Cocktailkirsche dazugeben.

Cuban Manhattan (Dry)

Anstelle von Vermouth rosso
2 cl Vermouth dry verwenden.
Mit Zitronenschale abspritzen und diese dazugeben.

Cuban Manhattan (Medium)

1 cl Vermouth dry

1 cl Vermouth rosso

4 cl weißer Rum

Es ist auch durchaus vertretbar, daß man gleiche Anteile Rum und Vermouth verwendet, das hieße bei Manhattan sweet:

3 cl Vermouth rosso

3 cl weißer Rum

Rum Sour

3-4 Eiswürfel

2 cl Zitronensaft

2 cl Zuckersirup

oder 2 Barlöffel feiner Zucker

4 cl weißer Rum

1 cl Golden Rum

Zubereiten im Shaker. Servieren im Sour-Glas. Mit Cocktail-Kirsche dekorieren.

Rum Stinger

3-4 Eiswürfel oder gestoßenes Eis

2 cl Crème de Menthe weiß

4 cl weißer Rum

Zubereiten und verrühren auf Eis direkt im Old-Fashioned-Glas.
(Das Verhältnis von Crème de Menthe und weißem Rum kann auch verändert werden, z. B. 1:1.)

Rum Gimlet

1 kleine Schaufel gestoßenes Eis

3 cl Rose's Lime Juice

5 cl weißer Rum

Zubereiten im Rührglas auf Eis. Servieren in eisgekühlter Cocktailschale. Mit Limettenschale abspritzen und dazugeben.

(Schumann's Version: Zubereiten im Shaker. Um dem Rose's Lime Juice die Süße zu nehmen, geben wir etwas Limetten- oder Zitronensaft dazu. Zuviel davon macht den Gimlet allerdings zum ›Sour‹.)

Rum Sazerac

3-4 Eiswürfel

1 Stück Würfelzucker

mit 2 Spritzer Angostura tränken

2 Spritzer Pernod

6 cl weißer Rum

Zubereiten direkt im Old-Fashioned-Glas. Mit Wasser auffüllen, umrühren und mit Zitronenschale abspritzen.

Rum Alexander

3-4 Eiswürfel

3 cl Sahne

2 cl Crème de Cacao braun

4 cl weißer Rum

Muskatnuß

Zubereiten im Shaker. Servieren in Cocktailschale. Muskatnuß darüber-reiben.

Créole

3-4 Eiswürfel

1 cl Zitronensaft

Pfeffer, Salz, Tabasco

Worcestersauce

10 cl Rindsbouillon

5 cl weißer Rum

Zubereiten im Longdrink-Glas, auf Eis verrühren. Würzen nach Geschmack.

Pedro Collins (Rum Collins)

3-4 Eiswürfel

3 cl Zitronen- oder Limettensaft

2 cl Zuckersirup

5 cl weißer Rum

Soda

Zubereiten im Longdrink-Glas. Gut verrühren und mit Soda auffüllen. Dekorieren mit Cocktailkirsche und Zitronenviertel.

Between The Sheets

3-4 Eiswürfel

2 cl Zitronensaft

2 cl Triple Sec

2 cl Brandy

2 cl weißer Rum

Zubereiten im Shaker. Servieren in eisgekühlter Cocktailschale.

Rum Fizz

gleiche Zutaten wie Pedro Collins, aber im Shaker zubereiten, mit Soda auffüllen.

Apricot Lady

1 Barschaufel gestoßenes Eis

Saft ½ Limette

1 Eiweiß

2 cl Apricot Brandy

4 cl weißer Rum

Zubereiten im Shaker. Servieren in eisgekühlter Cocktailschale.

Columbus Cocktail

1 Barschaufel gestoßenes Eis

Saft einer Limette

2 cl Apricot Brandy

4 cl Golden Rum

Zubereiten im Shaker. Servieren in eisgekühlter Cocktailschale.

Havana-Side-Car

3-4 Eiswürfel oder gestoßenes Eis

2 cl Zitronensaft

2 cl Triple Sec

4 cl Golden Rum

Zubereiten im Shaker. Servieren in eisgekühlter Cocktailschale.

Acapulco

3-4 Eiswürfel oder gestoßenes Eis

Saft ½ Limette

1 Barlöffel feiner Zucker

oder 1 cl Zuckersirup

1 Eiweiß

1 cl Triple Sec

5 cl weißer Rum

Zubereiten im Shaker. Servieren in eisgekühlter Cocktailschale.

FIESTA COCKTAIL

1 Barschaufel gestoßenes Eis

1 Spritzer Limette

1 Spritzer Grenadine

2 cl Noilly Prat

2 cl Calvados

2 cl weißer Rum

Zubereiten im Shaker oder Rührglas. Servieren in eisgekühlter Cocktailschale.

QUAKER'S COCKTAIL

1 Barschaufel gestoßenes Eis

Saft 1/2 Limette

2 Spritzer Himbeersirup (raspberry)

2 cl Brandy

2 cl weißer Rum

Zubereiten im Shaker. Servieren in eisgekühlter Cocktailschale.

SIR WALTER COCKTAIL

1 Barschaufel gestoßenes Eis

Saft ½ Limette

1 Spritzer Grenadine

1 cl Triple Sec

2 cl Brandy

3 cl Golden Rum

Zubereiten im Shaker. Servieren in eisgekühlter Cocktailschale.

BLACK WIDOW

3-4 Eiswürfel

Saft ½ Limette

1 Spritzer Zuckersirup

1,5 cl Southern Comfort

3 cl Golden Rum

Zubereiten im Shaker. Servieren in eisgekühlter Cocktailschale.

Liberty Cocktail

1 Barschaufel gestoßenes Eis

Saft ½ Limette

1 Barlöffel feiner Zucker

2 cl Apple-Jack (Calvados)

4 cl weißer Rum

Zubereiten im Shaker. Servieren in eisgekühlter Cocktailschale.

Rum Screwdriver

10 cl Orangensaft

5 cl weißer Rum

Zutaten im Longdrink-Glas auf Eiswürfeln verrühren.
(Anstelle von weißem Rum kann auch brauner verwendet werden.)

Rum Highball

3-4 Eiswürfel

5 cl weißer (oder brauner) Rum

Ginger Ale, Soda oder Seven Up

Zubereiten im Longdrink-Glas auf Eiswürfeln, mit Ginger Ale, Soda oder Seven up auffüllen. Dekorieren mit langer Zitronenspirale.

Iced Tea

Saft ½ Limette

2 cl Orangensaft

2 cl Triple Sec

2 cl Brandy

2 cl weißer Rum

2 cl brauner Rum

2-4 cl Coke

Zubereiten im Super-Longdrink-Glas auf gestoßenem Eis, gut verrühren, ausgepreßte halbe Limette dazugeben.

Der lange, lange Tag war noch nicht vorbei: bis Mitternacht lag noch eine Stunde oder eine Ewigkeit. Ich nahm den Wagen und fuhr am Meeresufer entlang, über eine Straße voller Schlaglöcher. Nur sehr wenige Menschen waren zu sehen; vielleicht hatten sie nicht begriffen, daß das Ausgehverbot aufgehoben war, oder sie fürchteten eine Falle. Zu meiner Rechten lag eine Reihe von Holzhütten in kleinen, eingezäunten Erdmulden; ein paar Palmen wuchsen da, und zwischen ihnen glitzerten Wassertümpel wie Brucheisen auf einem Abfallhaufen. Da und dort brannte eine Kerze über einer kleinen Gruppe von Menschen, die über ihren Rum gebeugt waren wie Trauergäste über einen Sarg. Manchmal hörte man unterdrückte Musik. Ein alter Mann tanzte mitten auf der Straße; ich mußte scharf bremsen und anhalten. Er trat heran und kicherte mich durch die Glasscheibe an – wenigstens gab es in jener Nacht einen furchtlosen Menschen in Port-au-Prince. Ich verstand nicht, was er in seinem Dialekt sagen wollte, und fuhr weiter. Es war zwei Jahre oder noch länger her, daß ich bei Mère Catherine gewesen war, doch heute Nacht bedurfte ich ihrer Dienste. Meine Impotenz lag mir in den Gliedern wie ein Fluch, den nur eine Hexe bannen konnte. Ich dachte an das Mädchen in der 56th Street East, und als ich dann widerstrebend an Martha dachte, entfachte sich mein Zorn. Wenn sie sich mir gegeben hätte, als ich sie wollte, würde all das nicht passieren.

Kurz bevor man zu Mère Catherine kam, gabelte sich die Straße – der Asphalt, wenn man ihn so nennen konnte, war plötzlich zu Ende (das Geld war ausgegangen oder jemand hatte seinen Anteil nicht bekommen). Zur Linken lag die große Ausfallstraße nach dem Süden, nahezu unbefahrbar außer für Geländewagen. Ich war überrascht, hier eine Straßensperre zu finden, denn niemand erwartete eine Invasion aus dem Süden. Während man mich gründlicher untersuchte als sonst, stand ich unter einem großen Plakat, auf dem stand: »USA – Haiti. Gemeinsamer Fünfjahresplan. Überlandstraße Süd«, doch die Amerikaner waren abgezogen, und von dem ganzen Fünfjahresplan war nichts geblieben als die Tafel, die versumpften Tümpel, die Rillen in der Straße, die Steine und das Skelett eines Baggers, den aus dem Schlamm zu retten niemandem eingefallen war.

Nachdem sie mich hatten gehen lassen, schlug ich den Weg zur Rechten ein und kam zu Mère Catherines Behausung. Alles lag so still, daß ich mich fragte, ob es sich überhaupt lohne, auszusteigen. Eine lange, niedrige Hütte, die wie ein Stall in Boxen aufgeteilt war, war hier das Liebesquartier. Ich konnte in dem Hauptgebäude, wo Mère Catherine ihre Gäste empfing und bewirtete, ein Licht brennen sehen, aber man vernahm weder Musik noch Tanzen. Einen Augenblick lang wurde die Treue zu einer Verlokkung, und ich wollte wieder wegfahren. Doch ich hatte mein Leiden allzu weit

über die schlechte Straße hergebracht, um meine Absicht fallenzulassen, und ich näherte mich vorsichtig über den dunklen Hof dem Lichtschein und haßte mich selbst, während ich es tat. Dummerweise hatte ich den Wagen gegen die Hütte gekehrt, so daß ich im Dunkeln war, und sehr bald stolperte ich über einen Jeep, der unbeleuchtet dastand; ein Mann schlief am Lenkrad. Wieder kehrte ich beinahe um, denn es gab in Port-au-Prince nur wenige Jeeps, die nicht den Tontons Macoute[1] gehörten, und wenn die Tontons Macoute mit Mère Catherines Mädchen eine Nacht verjubelten, dann war für andere Kunden kein Platz.

In meinem Selbsthaß war ich jedoch halsstarrig und ging weiter. Mère Catherine hörte mich stolpern und kam mir auf der Schwelle entgegen, in der Hand eine Petroleumlampe. Sie hatte das Gesicht einer gutmütigen Kinderfrau aus dem tiefen Süden und einen winzigen, harten Körper, der einst schön gewesen sein mußte. Ihr Gesicht wurde von der Natur nicht Lügen gestraft, denn sie war die gütigste Frau, die ich in Port-au-Prince kannte. Sie tat, als kämen ihre Mädchen aus guten Familien, als helfe sie ihnen bloß dabei, sich ein wenig Taschengeld zu verdienen, und man konnte es fast glauben, denn sie hatte sie ein tadelloses Benehmen in der Öffentlichkeit gelehrt. Bevor die Kundschaft in den Boxen war, hatten auch sie sich anständig aufzuführen; sah man den Paaren beim Tanz zu, dann mochte man fast glauben, der Schlußfeier einer Klosterschule beizuwohnen. Vor drei Jahren war ich einmal Zeuge gewesen, wie sie sich in den Kampf stürzte, um ein Mädchen vor Brutalität zu schützen. Ich trank eben ein Glas Rum, als ich einen Schrei aus dem sogenannten Stall vernahm, doch bevor ich noch wußte, was tun, hatte Mère Catherine schon eine Axt aus der Küche geholt und war hinausgesegelt wie die kleine *Revenge*, die sich anschickt, gegen eine ganze Flotte anzukämpfen. Ihr Gegner war mit einem Messer bewaffnet, doppelt so groß wie sie und vom Rum besoffen. (Er mußte eine Flasche in seiner Hüfttasche gehabt haben, denn Mère Catherine hätte ihm niemals gestattet, sich in einem solchen Zustand mit einem Mädchen abzusondern.) Bei ihrem Auftauchen wandte er sich zur Flucht, und als ich später wegging, erblickte ich sie durch das Küchenfenster: sie hatte das Mädchen auf den Knien und sang ihm in einem mir völlig unverständlichen Dialekt etwas vor wie einem Kind, indes es an ihrer kleinen, knochigen Schulter schlief.

Mère Catherine flüsterte mir warnend zu: »Die Tontons sind hier.«

»Alle Mädchen besetzt?«

»Nein, aber das Mädchen, das Sie mögen, ist beschäftigt.«

Ich war zwei Jahre nicht dagewesen, doch sie erinnerte sich noch, und was weit bemerkenswerter war: das Mädchen war noch immer bei ihr – es mußte jetzt an die achtzehn sein. Ich hatte es gar nicht erwartet und war nun doch enttäuscht.

Im Alter gibt man alten Freunden den Vorzug, sogar in einem Bordell.

»Sind sie in gefährlicher Laune?« fragte ich sie.

»Ich glaube nicht. Sie sind als Bedekkung für irgendein hohes Tier hier. Der ist eben mit Tin Tin.«

Fast wäre ich wieder gegangen, doch mein Zorn auf Martha wühlte wie eine Krankheit in mir. »Ich komme herein«, sagte ich. »Ich bin durstig. Gib mir einen Rum mit Coca.«

»Coca ist aus.« Ich hatte vergessen, daß die amerikanische Hilfe vorbei war.

»Dann Rum mit Soda.«

»Ich habe noch ein paar Flaschen Seven-Up.«

»Sehr gut. Seven-Up.«

An der Saaltür schlief ein Tonton Macoute auf einem Stuhl; die Sonnenbrille war ihm in den Schoß gefallen, und er sah ganz harmlos aus. Der Latz seiner grauen Flanellhose stand offen; es fehlte ihm ein Knopf. Im Saal drinnen herrschte völlige Stille. Durch die offene Tür sah ich eine Gruppe von vier Mädchen, die in weißen Musselin mit Ballonröcken gekleidet waren. Sie sogen schweigend Orangeade durch Strohhalme. Eines von ihnen nahm sein leeres Glas und entfernte sich in schönem Gang, der Musselin schwang hin und her: eine Bronzestatuette von Degas.

»Gar keine Kunden?«

»Die sind alle fort, als die Tontons Macoute kamen.«

Ich ging hinein, und dort, an einem Tisch an der Wand, die Augen auf mich gerichtet, als wäre ich ihnen keinen Augenblick entkommen, saß der Tonton Macoute, den ich auf der Polizei gesehen und der das Glas des Leichenwagens zerschlagen hatte, um den Sarg des früheren Ministers herauszuholen. Sein weicher Hut lag auf dem Stuhl; er trug einen gestreiften Schmetterlingsbinder. Ich verbeugte mich vor ihm und ging auf einen anderen Tisch zu. Ich hatte Angst vor ihm und überlegte, wer es wohl sein mochte – ein noch wichtigerer Bursche als dieser arrogante Offizier –, dem Tin Tin jetzt ihre Tröstungen angedeihen ließ. Um ihretwillen hoffte ich, daß er nicht ein noch üblerer Bursche war.

Der Offizier sagte: »Ich scheine Ihnen überall zu begegnen.«

»Ich versuche, nicht aufzufallen.«

»Was wollen Sie hier heute abend?«

»Einen Rum mit Seven-Up.«

Zu Mère Catherine, die meine Bestellung auf einem Tablett hereinbrachte, sagte er: »Du hast behauptet, du hättest keinen Seven-Up mehr.« Ich bemerkte, daß auf dem Tablett, neben meinem Glas, eine leere Sodawasserflasche stand. Der Tonton Macoute nahm mein Getränk und kostete es. »Das ist Seven-Up. Du kannst diesem Mann Rum mit Soda bringen. Wir brauchen den ganzen Seven-Up, der noch übrig ist, für meinen Freund, wenn er zurückkommt.«

»Es ist so dunkel in der Bar. Ich muß die Flasche verwechselt haben.«

»Du mußt unterscheiden lernen zwischen deinen wichtigen Kunden und ...«, er zögerte und entschloß sich dann, halb-

wegs höflich zu sein, »...den weniger wichtigen. Sie können sich setzen«, sagte er zu mir.

Ich wandte mich ab.

»Sie können sich hierher setzen. Setzen Sie sich.«

Ich gehorchte.

Er sagte: »Wurden Sie an der Straßenkreuzung angehalten und durchsucht?«

»Ja.«

»Und hier an der Tür? Wurden Sie an der Tür angehalten?«

»Von Mère Catherine, ja.«

»Von einem meiner Leute?«

»Er hat geschlafen.«

»Geschlafen?«

»Ja.«

Ich zauderte keinen Augenblick, den Mann zu verpetzen. Sollten doch die Tontons Macoute einander vernichten. Ich war erstaunt, als er nichts sagte und auch nicht zur Tür ging. Er starrte bloß mit seinen schwarzen, undurchsichtigen Linsen ausdruckslos durch mich hindurch. Er hatte etwas beschlossen, wollte mich aber seinen Beschluß nicht wissen lassen. Mère Catherine brachte mir mein Getränk. Ich kostete es. Der Rum war immer noch mit Seven-Up gemischt. Sie war ein tapferes Weib.

Ich sagte: »Sie scheinen heute abend eine Menge Vorsichtsmaßnahmen zu treffen.«

»Ich bin verantwortlich für einen sehr wichtigen Ausländer. Ich muß für seine Sicherheit Vosichtsmaßnahmen treffen. Er wollte herkommen.«

»Ist er auch bei der kleinen Tin Tin sicher? Haben Sie eine Wache im Schlafzimmer, Hauptmann? Oder sind Sie Kommandant?«

»Mein Name ist Hauptmann Concasseur. Sie haben Humor. Ich schätze Humor. Ich bin für Scherze. Die haben ihren Wert in der Politik. Scherze sind ein Ventil für die Feigen und Machtlosen.«

»Sie sagten, ein wichtiger Ausländer, Hauptmann? Heute früh hatte ich den Eindruck, daß Sie Ausländer nicht leiden könnten.«

»Meine persönliche Meinung von jedem weißen Mann ist sehr niedrig. Ich gebe zu, daß ich Anstoß an der Farbe nehme, weil sie mich an Exkremente erinnert. Aber ein paar von euch akzeptieren wir – wenn ihr euch dem Staat nützlich erweist.«

»Sie meinen – dem Doktor?«[2]

Mit einem kleinen Anflug von Ironie zitierte er: »*Je suis le drapeau Haïtien, uni et indivisible.*« Er trank einen Schluck Rum. »Natürlich sind manche

Weiße erträglicher als andere. Die Franzosen haben zumindest eine gemeinsame Kultur mit uns. Ich bewundere den General. Der Präsident hat ihm geschrieben und sich erboten, in die Communauté de l'Europa einzutreten.«

»Hat er eine Antwort bekommen?«

»Solche Dinge brauchen ihre Zeit. Es gibt da Bedingungen, über die wir noch sprechen müssen. Wir verstehen uns auf Diplomatie. Wir machen keine Fehler wie die Amerikaner oder – die Engländer.«

Der Name Concasseur verfolgt mich. Irgendwo hatte ich ihn schon einmal gehört. Die erste Silbe paßte gut zu ihm, und vielleicht hatte er den ganzen Namen angenommen, wie auch die Namen Stalin und Hitler angenommen waren.

»Haiti gehört von Rechts wegen zu jeder Dritten Kraft«, sagte Hauptmann Concasseur. »Wir sind das wahre Bollwerk gegen den Kommunismus. Kein Castro kann hier durchdringen. Wir haben eine loyale Bauernschaft.«

»Oder eine eingeschüchterte.« Auch ich trank einen Schluck Rum; das Trinken half mir, seine Frechheit zu ertragen. »Ihr wichtiger Besucher läßt sich Zeit.«

»Er sagte mir, er hätte lange Zeit keine Frauen gehabt.« Er fuhr Mère Catherine an: »Ich will Bedienung, Bedienung«, und stampfte auf. »Warum tanzt niemand?«

»Ein Bollwerk der freien Welt«, sagte ich.

Die vier Mädchen erhoben sich vom Tisch, und eines stellte das Grammophon an. Sie begannen miteinander zu tanzen, in einem graziösen, langsamen, altmodischen Stil. Ihre Ballonröcke schwangen wie silberne Weihrauchfässer und enthüllten schlanke Beine von der Farbe junger Rehe; sie lächelten einander lieblich an und hielten sich in einigem Abstand voneinander. Sie waren schön und einförmig wie Vögel mit gleichem Gefieder. Es war fast nicht zu glauben, daß sie käuflich waren. Wie jeder andere Mensch.

»Natürlich zahlt die freie Welt besser«, sagte ich. »Und in Dollars.«

Hauptmann Concasseur sah, wohin ich blickte; nichts enging ihm durch seine schwarze Brille. Er sagte: »Ich will Sie auf eine Frau einladen. Das kleine Mädchen dort, mit der Blume im Haar, Louise. Sie guckt uns nicht an. Sie ist jetzt schüchtern, weil sie glaubt, ich könnte eifersüchtig werden. Eifersüchtig auf eine *putain*! Wie lächerlich! Sie wird Sie sehr gut bedienen, wenn ich es ihr sage.«

»Ich brauche keine Frau.« Ich vermochte seine scheinbare Großzügigkeit zu durchschauen. Man wirft einem Weißen eine Hure vor wie einem Hund den Knochen.

»Warum sind Sie dann hergekommen?«

Es war berechtigt, diese Frage zu stellen. Ich konnte bloß erwidern »Ich habe es mir überlegt«, und sah dabei den Mädchen zu, wie sie sich drehten, einer besseren Umgebung wert, als es dieser Holzverschlag, die Rum-Bar und die alten Plakate für Coca-Cola waren.

Der neue Minister für Tourismus spielt Backgammon mit der Hotelbesitzerin. Was soll er schon anderes tun? In dem Jahr, da Baby Doc gestürzt wurde, gibt es keine Touristen zu verwalten auf Haiti.

An die tatsächliche Existenz des Hotels, auf dessen Veranda wir sitzen, hatte ich vor sechzehn Jahren kaum glauben wollen. »Mit seinen Türmchen und Balkonen und hölzernen Verzierungen wirkte es nachts wie ein verwunschenes Haus auf einer Charles-Addams-Zeichnung im *New Yorker*. Man erwartete, daß eine Hexe oder ein irrsinniger Butler einem die Tür auftat, hinter sich eine Fledermaus, die vom Lüster herabhing. Im Sonnenschein aber, oder wenn zwischen den Palmen die Lichter brannten, da sah es zerbrechlich und altväterlich und hübsch und lächerlich aus, eine Illustration aus einem Märchenbuch.« Nur in einem Punkt wich Graham Greene in seinem Roman ›Die Stunde der Komödianten‹ bei der Beschreibung dieses zauberhaften Holzschlößchens, das honigfarben in einem ungepflegten Garten über der Bucht von Port-au-Prince liegt, vom wirklichen Vorbild ab. Er nannte es im Roman *Hotel Trianon*. Mr. Brown, den Besitzer und Ich-Erzähler, ließ er gestehen: »Kein Name hätte weniger dazu gepaßt.« Angemessener, romanhafter verkündet die wirkliche Inschrift über dem Eingangstor: *Grand Hotel Oloffson*. Ein norwegischer Schiffskapitän, heißt es, sei in den 20er Jahren in Port-au-Prince hängengeblieben.

Als Leser von Greenes ›Komödianten‹ ist man hier sofort zu Hause. Wiedererkennend nickt der Fremde im knarzenden Treppenhaus den Bildern vom Hahnenkampf und vom Voodoo-Kult zu, gemalt von den Schülern und Kindern der berühmten Naiven Hippolyte und Obin, und er hält inne vor der Tür, auf der zu lesen steht: *Sir John Gielgud-Suite*. In Wirklichkeit (ich meine: im Roman) ist dieses Ehrenzimmer dem Andenken des nicht weniger berühmten Schauspielers John Barrymore gewidmet.

Und was geschah auf dessen Balkon? Ja, richtig: Hier einst stand, wie erinnerlich, Mr. Smith aus Wisconsin, Präsidentschaftskandidat der amerikanischen Vegetarierpartei bei den Wahlen von 1948 (»der Mann, der gegen Harry Truman unterlag«), und um ein Haar hätte er die Leiche des Dr. Philipot entdeckt, des in Ungnade gefallenen Wohlfahrtsministers im Kabinett Duvalier, der sich im leeren Hotel-Swimmingpool mit einem Steakmesser die Kehle durchgeschnitten hatte.

Der Präsidentschaftskandidat der *Vegetarian Party of America* ist leider nicht mehr da. Und in Mr. A.A. Seitz, dem verstorbenen Besitzer des *Oloffson*, hatte niemand unseren alten Bekannten Brown erkennen können, den Greene zum Erben des *Trianon* und zur Zentralfigur im ›Komödianten‹-Ensemble gemacht hatte. Aber glich der tatsächliche Hotelbesitzer nicht einer anderen Romanfigur? Die Art, wie Mr. Seitz seine überdimensionalen Zigarren rauchte, war zu großartig, zu überzeugend und authentisch, sie war literaturverdächtig – ja, hier hatte die Wirklichkeit ins volle Romanleben gegriffen und Señor Pineda wiederauferstehen lassen, den südamerikanischen Botschafter (»Nationalität: Mensch; besondere Kennzeichen: Hörner«), dessen deutsche Frau Martha mit dem Ich-Erzähler Brown unbequeme Liebesnächte im Diplomaten-Peugeot verbrachte, unten beim Hafen, wo ein gußeiserner Kolumbus unentwegt in die Karibische See starrt.

Keine seiner Personen, schrieb Graham Greene vorsichtshalber in der Einleitung zu seinem Roman, habe jemals wirklich existiert. Ähnlichkeiten seien zufällig: »Hier ein körperliches Merkmal, dort eine Sprachgewohnheit, eine Anekdote – sie werden in der Küche des Unterbewußtseins zusammengebraut und tauchen, zumeist selbst für den Koch unkenntlich, wieder auf.« Doch Graham Greenes treuherzige Vorbemerkung ist nicht ernst zu nehmen, sie gehört eigentlich schon zur Fabel.

Petit Pierre zum Beispiel, der zierliche, dandyhaft gekleidete Mulatte mit dem Bambusspazierstöckchen (kreolisch: *Cocómacaque*) und der »stets euphorischen Miene, die durch nichts gerechtfertigt ist«, der leibhaftige Petit Pierre sprang plötzlich – es war bei meinem ersten Besuch vor sechzehn Jahren – von der Seite 41 des Romans direkt auf die Veranda des *Oloffson*, um mich in der Klatschspalte seiner Zeitung zu verewigen. Wie präzis doch Metaphernsprache sein kann: »Er hatte die schnellen Bewegungen eines Äffchens und schien sich auf einem Seil von Gelächter von Wand zu Wand zu schwingen«: ja, die Romanfigur Petit Pierre heißt mit bürgerlichem Namen Aubelin Jolicœur (selbst Greene konnte keinen besseren erfinden); er war 1970 noch Gesellschaftsreporter der größten Zeitung Haitis, *Le Nouvelliste* (Auflage: 6000), und bestritt auf der Veranda des *Oloffson* »seine Getränkerechnung ausschließlich mit der Feder«. An Petit Pierre ließ sich exemplifizieren, daß Greene nicht nur einzelne Merkmale, sondern auch ganze Menschen aus der haitianischen Wirklichkeit »herausgriff«, mit geradezu photographischer Genauigkeit, und daß der Roman seinerseits nun auf Haiti zurückzuwirken begann, das Porträt Einfluß nahm auf das Modell.

Graham Greene und der junge Aubelin Jolicœur hatten einander 1954 kennengelernt, in den feuchtfröhlichen Herrschaftsjahren des Generals und Playboys Paul Magloire, als noch intellektuelle Schickeria aus New York nach Haiti kam und es nichts Ungewöhnliches war, an der Bar des *Oloffson* einen Rumpunsch mit Noël Coward, Paulette Godard oder Irving Berlin zu schlürfen. Truman Capote (damals noch ein zarter und überaus photogener Dichter) stellte seinen Freund Jolicœur dem weltberühmten Romancier Greene vor, der gerade Indochina – im ›Stillen Amerikaner‹ – ›verarbeitet‹ hatte. Keiner von beiden ahnte dabei wohl, daß auch Haiti einen Romanstoff ›hergeben‹ und Joli-cœur eine farbige Figur darin sein würde. Als Bühne für einen Greene-Roman fehlte Haiti 1954 noch das wesentliche Element, das erst drei Jahre später vom Diktator Duvalier eingeführt wurde – der Hintergrund des Staatsterrors.

Er habe die Regierungsmethoden Dr. Duvaliers der dramatischen Wirkung wegen nicht düsterer gefärbt, schrieb Graham Greene im Vorwort; »unmöglich, eine solche Nacht noch zu schwärzen«. Aber war es in jenen Jahren nicht vielleicht der Hautgoût des Grauens, der Haiti für kennerische Weltenbummler so interessant machte? Daß Papa Doc Duvalier, sein Sohn Baby Doc oder die allgegenwärtigen *Tontons Macoute* sich in den 29 Jahren ihrer Herrschaft jemals an Weißen vergriffen hätten, ist nicht bekannt; das hätten die amerikanischen Schirmherren (von Eisenhower bis Reagan) auch sicher nicht geduldet. Die Gefahr in den drei Jahrzehnten der beiden ›Präsidenten auf Lebenszeit‹ für die Weißen war nur, daß eine Revolte gegen das Regime zu einer Art kollektivem Amoklauf hätte ausarten können, der dann niemanden verschont hätte, auch die weißen Besucher nicht.

Doch das war nun wirklich eine weit entlegene Möglichkeit. Im Windschatten des von Duvalier geschickt rassistisch ausgespielten Klassenkonflikts zwischen mulattischer Oberschicht und schwarzer Mehrheit lebte die winzige Schicht der Weißen ganz prächtig. Araber und Juden beherrschten den Kleinhandel, Amerikaner, Skandinavier und Deutsche machten das große Geld, lebten wie Feudalherren. Für sie war – und ist – Haiti nur eine faszinierende Kulisse, vor der sich ihr eigenes, profitables und nur selten langweiliges Leben abspielte. Touristen, Reporter – und auch der Schriftsteller Graham Greene – konnten sich dieser Haltung kaum entziehen; von der haitianischen Wirklichkeit durchaus berührt, aber ihr doch, Hand aufs Herz, aufs angenehmste entrückt und entfremdet, erlebten sie sich selber als Akteure vor exotischem Background, als Protagonisten einer phantastischen Story, als leibhaftige Romanfiguren.

Weder Terror noch Elend sind Brenda Slemenson verborgen geblieben, die im geblümten Morgenmantel, mit rosaroten Pantöffelchen auf der Veranda sitzt und mir einen Rumpunsch nachbestellt. »Ich schenke Ihnen Kalifornien«, sagt Brenda schwungvoll. »Ich schenke Ihnen auch Paris und London für Port-au-Prince.« Als ein deutscher Kaufmann das gleiche sagte, war ich nicht überrascht: die Villa in Pétionville, der *Buick Riviera*, der bewaffnete Chauffeur, die milchkaffeebraune Ehefrau machten seinen Standpunkt begreiflich. Doch die blonde Brenda hat keine Sisalplantagen, keinen Straßenkreuzer, keine Leibwächter. Warum sitzt sie (45 Jahre, blond, gute Figur, humorvoll, geschieden) weiterhin auf der Veranda des *Oloffson*? Der schweigsame schwarze Dichter, dessen Hand sie wie eine Sessellehne umklammert, reicht als Erklärung nicht aus. Morgen wird Brenda mit einem 25jährigen Mulatten im Speisesaal auftauchten, strahlende Augen und ein Monalisa-Lächeln im Schein der roten Kerzen. Doch Sex oder Liebe: ein wichtiger Aspekt, aber nicht entscheidend. Kröger zum Beispiel, ein V.I.P. aus Europa, sollte längst zu einer Tagung nach Brüssel abgeflogen sein, aber er ist schon seit zwei Wochen hier. Kröger (Mitte Fünfzig, Familienvater, Charakterkopf, ein Mann mit Verantwortung) öffnet keine Telegramme mehr, trinkt um 10 Uhr morgens den ersten Rumpunsch und ist schon zweimal auf dem Flughafen gewesen, und jedesmal ließ er sich in letzter Minute die Koffer zurückholen. »Ich erkläre es Ihnen später«, sagte er, als die Hemingway-Typen an der Bar des *Oloffson* schon kühl grinsten.

Und er erklärte es mir später, im Puff, am Swimmingpool, als es schon nichts mehr zu erklären gab. Und Petit Pierre? Er ist es, der nun Minister für Tourismus geworden ist, nun regiert er an der Bar des *Oloffson* und scheint erfüllt von einem fröhlichen Fatalismus, der auf Alkohol kaum noch angewiesen ist.

Nichts ist ungewisser als die Zukunft des Seiltänzers Aubelin Jolicœur, des Tourismus-Ministers ohne Netz – und ohne Touristen. Tapfer spielt er Backgammon mit der Chefin, tapfer schlürft er seinen Drink, der hier durchtränkt ist, wie der traditionelle Rumpunsch, mit einer Prise Lebensangst, mit einem Spritzer Terror. Cheers, Petit Pierre!

P.S.: Wenige Wochen später wurde Aubelin Jolicœur vom Amt des Tourismus-Ministers wieder enthoben.

Zitrusfrüche stammen ursprünglich aus Ostasien: Die Zitrone aus Indien, die Orange aus China, die Grapefruit aus Malaysia. Für ihre Verbreitung in anderen tropischen Zonen sorgten arabische und europäische Kaufleute, die sie im Laufe der Jahrhunderte auf allen Kontinenten heimisch machten.

Die ZITRONE, von den Arabern *limun* genannt (daher das englische *lemon*), wird in subtropischen Gegenden dreimal im Jahr geerntet: Ihr Baum entwickelt dort zu jeder Jahreszeit Blüten, Blätter und Früchte zugleich.

Die ORANGE, nach der Banane die bedeutendste Obstsorte im Welthandel, gibt es in zahlreichen unterschiedlichen Formen und Farben: als Blutorange, bei der wiederum Halbblut- und Vollblutorangen unterschieden werden; dann sogenannte blonde Früchte, zu denen die kernlosen Navels zählen, oder die grüne Orange, die es nur in Sri Lanka gibt. Angepflanzt werden Orangen nicht nur in den Tropen, sondern auch im Mittelmeerraum und anderen gemäßigten, wärmeren Zonen. In Europa lösten die Orangen, von Portugiesen eingeführt, zur Zeit des Barock eine herrschaftliche Modewelle aus: Jedes Schloß baute sich eine eigene Orangerie, in denen die immergrünen Bäume, im Sommer als Gartenschmuck ausgestellt, überwinterten.

Die GRAPEFRUIT ist in der Karibik zum erstenmal um 1750 auf Puerto Rico geerntet worden. Oft wird sie auch als Pampelmuse bezeichnet – was allerdings falsch ist: Pampelmusen sind tropische Früchte, die weitaus größer als Kokosnüsse und bis zu sechs Kilo schwer werden. Allerdings wird vermutet, daß die Grapefruit eine Kreuzung der Pampelmuse mit einer Orange ist. Neunzig Prozent der in der Welt produzierten Grapefruits kommen aus den USA, wo die Frucht erst seit Anfang dieses Jahrhunderts angebaut wird.

Weitaus populärer auf dem amerikanischen Kontinent als in Europa ist die saure LIMETTE (engl. *lime*) – wichtigste Zitrusfrucht in der ›Tropical Bar‹. Die Limette, Zitrone der Tropen genannt, ist kleiner als eine Zitrone und rund, in halbreifem Zustand grün, vollreif gelbgrün bis gelb. Sie wächst auf kleinen Bäumen mit dornigen Zweigen, ihr grünliches Fruchtfleisch ist aromatischer als das anderer Zitrusfrüchte.

Die Limette ist im 16. Jahrhundert von Spaniern von Ostasien nach Mittelamerika gebracht worden. Heute wächst sie auf allen karibischen Inseln, in Mexico, Brasilien, Florida und auch in asiatischen und afrikanischen Tropenzonen, und zwar nicht nur im kultivierten Anbau, sondern auch wild in Buschgegenden. Karibische Teenager nennen es *liming*, wenn sie sich zum Flirt heimlich im Busch treffen – im Schatten des Limettenbaums. Auch für europäische Seefahrer war die Limette jahrhundertelang eine besondere Frucht. Wegen ihrer Haltbarkeit und ihres Vitamin-C-Gehalts war sie stets als Vorbeugemittel gegen Skorbut an Bord.

Ins Früchtesortiment der ›Tropical Bar‹ gehört auch die ANANAS, von den Spaniern *piña* genannt, weil ihre Form an einen großen Pinienzapfen erinnert. Die Engländer leiteten daraus das Wort *pine apple* ab. Ursprünglich stammt die Ananas aus dem trockenen Grenzgebiet zwischen Brasilien, Argentinien und Paraguay. Für den Export als Frischfrucht wird sie grün geerntet, sie reift während der Lagerung nach. Von der Pflanzung bis zur Ernte vergehen zwei bis drei Jahre – Grund dafür, daß die Ananas zu den teuren Tropenfrüchten gehört.

Die Ananaspflanze hat über hundert violette Blüten, aus denen sich ebenso viele kleine Beeren entwickeln, die sich schließlich mit der Blütenachse zu der schuppigen Großfrucht zusammenschließen. Sie wächst in beständig warmem tropischem Flachland, und da sie bei gleichbleibenden Temperaturen so gut gedeiht, haben Europäer im 18. Jahrhundert begonnen, sie in Gewächshäusern anzubauen. Unter Glas wird die Ananas heute noch auf der Azoreninsel San Miguel gezogen. Ansonsten sind großflächige Ananasfelder in tropischen Gebieten aller Kontinente zu finden, insbesondere auf Hawaii, woher die Ananas-Plantagenwirtschaft ein Drittel der Weltproduktion liefert.

Die BANANE ist die Erfolgsfrucht im Weltmarkt, für die sie produzierenden Länder häufig aber Problemfrucht: Die großen Fruit Companies bestimmen Preis und Abnahmemengen, insbesondere kleinere Karibikstaaten wie etwa Grenada oder Dominica, St. Vincent und St. Lucia können kaum noch zum Weltmarkt-Preisniveau anbauen und ernten. Wie viele andere Tropenfrüchte wuchs auch die Banane einst nur ist Ostasien. Portugiesen bauten sie im Jahr 1402 zuerst auf den Kanarischen Inseln an, später dann in Mittel- und Südamerika. Erst seit 1885 werden Bananen von europäischen Ländern importiert.

Bananenpflanzen können über zehn Meter hoch wachsen und sind dennoch keine Bäume, sondern gehören zur Gattung der Gräser – aus Blattstielen bilden sie palmenähnliche Scheinstämme, die bei starkem Wind leicht knicken können. Eine einzige Pflanze bringt innerhalb von 14 Wochen rund 200 Früchte zur Reife – eine Staude von 30 bis 45 Kilo Gewicht.

Früchte produziert sie dazu noch das ganze Jahr hindurch, Voraussetzung ist Tropenklima mit zeitweiligen starken Niederschlägen.

Exportbananen werden grün geerntet, die Stauden in die sogenannten *cluster* mit jeweils vier bis acht ›Bananenfingern‹ zerteilt. Die Früchte reifen in Bananenkammern erst im Importland.

Nur gekocht genießbar ist die Mehl- oder Gemüsebanane (engl. *plantain*), die auf karibischen Märkten angeboten wird.

Viele Tropenfrüchte sind nicht geeignet für lange Transporte. Zu Saft oder Sirup verarbeitet, kommen sie aber auch hier in den Handel. Was in den exotischen Säften steckt, sei hier kurz beschrieben:

Die PAPAYA (engl. *paw paw*, frz. *papaye*) wächst an Bäumen, die als Krone ein palmenähnliches Dach von langstieligen Blättern tragen, unter denen die Früchte, in dichter Traube um den Stamm gruppiert, heranreifen. Das Melonenbaumgewächs kommt ursprünglich aus Südmexico, Anfang des 19. Jahrhunderts wurde es in Hawaii eingeführt. Heute ist die Papaya in vielen unterschiedlichen Sorten überall in den Tropen und Subtropen zu finden – ganzjährig blühend und früchteliefernd. Hier werden die mildsüßen, sehr saftigen Früchte, deren Inneres von Gelb bis hin zu Rosarot leuchtet, allenfalls in Pfundsgröße angeboten, in den Tropen jedoch findet man sie manchmal bis zu neun Kilo schwer am Baum hängend. Unreif ist die Papaya grün, ausgereift goldgelb.

Die GUAVE (engl. *guava*, span. *guayaba*, frz. *goyave*) gehört zu den immergrünen Myrtengewächsen wie auch die Gewürznelke, Zimt oder die Muskatnuß. Würzig aber ist die Guave nicht – ihren Geschmack treffend zu beschreiben, ist offenbar schwierig, Experten sprechen von einer »harmonischen Mischung von Birne, Quitte, Feige und ein bißchen Erdbeere«. Die bedeutendsten Anbaugebiete der Guave sind Mexico, Columbien, Brasilien, Indien, Südafrika, Australien, Hawaii und die südlichen Regionen der USA. Der Guavebaum ist im Anbau oft nur strauchhoch. Seine apfelgroßen Früchte haben eine hellgrüne oder gelbe Schale, ihr Fruchtfleisch unterteilt sich in vier bis fünf Kammern und hat viele Kerne, die mitgegessen werden können. Die Guave des Fernen Ostens hat weißes Fruchtfleisch und ist geschmacklich nicht so intensiv wie die rosa bis roten Sorten aus Australien oder Hawaii. Die lateinamerikanische Guave hat das stärkste Aroma.

Bei uns beinahe unbekannt ist die in den Tropen weitverbreitete Gruppe der ANNONENFRÜCHTE. Die größte dieser Art hängt kürbisgroß und stachelig an ihrem immergrünen Baum, wird über drei Kilo schwer und ist überaus verderblich: die STACHELANNONE (engl. *soursop*, span. *guanabana*, frz. *corossol épineux*). Die deutsch auch Sauersack genannte Frucht ist keineswegs sauer, sondern mild-aromatisch und ergibt, zu einem dicken, milchigen Saft gepreßt, ein erfrischendes, nahrhaftes Getränk. Bekannter bei uns ist inzwischen die CHERIMOYA (span. *chirimoya*, frz. *chérimole*), eine Annonenart, die in den südamerikanischen Anden in bis zu 1500 Meter Höhe wächst, aber auch in Israel und Spanien

angebaut wird. Die Cherimoya ist gewöhnlich pampelmusengroß, ihr Fruchtfleisch sahnig, weiß bis rosa und mit schwarzen Samenkernen durchsetzt. In karibischen Regionen wird sie bis zu acht Kilo schwer.

Am weitesten verbreitet ist die fast ausschließlich wildwachsende SCHUPPENANNONE, in den englischsprachigen Tropenländern als *sweet* oder *sugar apple* bekannt. Sie sieht aus wie ein überdimensionaler Tannenzapfen und fällt bei voller Reife auseinander. Etwas süßer als die Cherimoya, kann sie unreif grün geerntet und bis zur Reife, sich schwarzbräunlich verfärbend, gelagert werden. Wegen seiner vielen Kerne wird der *sweet apple* meist durch ein Sieb zu Nektar gepreßt.

MANGO war nach Meinung des ›rasenden Reporters‹ und Mexicoreisenden Egon Erwin Kisch keine Frucht für feine Leute: »Alles wird beschmutzt, Nase, Wangen und die Servietten, aus denen die Obstflecke nie mehr herausgehen.« Grund: Der überaus große Kern löst sich nur schwer vom Fruchtfleisch, was den Verzehr der frischen Mango zur spritzigen Angelegenheit macht; daher auch ihr Beiname ›Badewannenfrucht‹. In Wirklichkeit aber ist Mango tropischer Bestandteil der feinsten Küche. Seit über viertausend Jahren in Indien bekannt, ist die Frucht, insbesondere durch Portugiesen, im Laufe der Jahrhunderte in alle tropischen Regionen von Afrika über die Karibik bis nach Brasilien und Hawaii gekommen. Der immergrüne

Mangobaum wird bis zu 25 Meter hoch. Seine Früchte sind meist länglich oval und variieren in der Farbe von Grün über Gelb bis hin zu leuchtendem Rot. Es gibt Tausende von Mango-Arten mit vielfältigen Geschmacksrichtungen.

Nicht zuletzt durch die steigende Beliebtheit von ›Tropical Drinks‹ ist die MARACUJA bei uns bekanntgeworden. Die gelbe Frucht, überall in Südamerika, in der Südsee und Ostasien im tropischen Flachland zu Hause, ist eine von drei Arten der Passionsfrucht. Neben der gelben Maracuja gibt es noch die rote, in höheren Lagen wachsende PURPURGRANADILLA und die SÜSSE GRANADILLA – alles Früchte der Passionsblume, die wegen ihres Blütenstempels in Form eines Kreuzes und ihrer an eine Dornenkrone erinnernde Blüte zu ihrem christlichen Leidensnamen kam. Die Maracuja ist rund, wiegt etwa hundert Gramm und hat eine bis zu acht Millimeter dicke Schale. Ihr Geschmack ist schwach süßsauer, und ihr Saft hat derart hohen Säuregehalt und intensives Aroma, daß er fast nur verdünnt und gezuckert konsumiert wird. Für die bei uns angebotenen Säfte werden meist verschiedene Passionsfruchtarten in unterschiedlichem Mischungsverhältnis verwendet.

Mrs. Copperfield ging zu einer Bank, die in einer Ecke stand, und legte sich hin. Sie schloß die Augen und lächelte.

»Es ist das beste für sie«, sagte Mrs. Quill zu Toby. »Sie ist eine reizende Frau, ein richtiger Schatz, und ein bißchen zuviel getrunken hat sie. Pacifica, die kann wirklich auf sich selbst achtgeben, wie sie sagt. Ich hab sie schon trinken sehen wie ein Mann, aber mit ihr da drüben ist das was anderes. Wie gesagt, sie hat Erfahrung in jeder Hinsicht. Aber Mrs. Copperfield und ich, wir müssen mehr auf uns aufpassen oder einen netten Mann haben, der das für uns tut.«

»Klar«, sagte Toby und drehte sich auf seinem Barhocker. »Barkeeper, noch einen Gin. Sie wollen doch auch einen, oder?« fragte er Mrs. Quill.

»Ja, wenn Sie auf mich achtgeben.«

»Aber sicher. Sogar auf den Armen trage ich Sie nach Hause, wenn Sie umfallen.«

»O nein.« Mrs. Quill kicherte und errötete. »Das würden Sie nicht versuchen, junger Mann. Ich bin schwer, wissen Sie.«

»Schon möglich... Sagen Sie –«

»Ja?«

»Würden Sie mir etwas verraten?«

»Mit größtem Vergnügen, ich sag Ihnen alles, was Sie hören wollen.«

»Wieso haben Sie den Laden hier nicht mal ein bißchen auf Zack gebracht?«

»Sehn Sie, mein Lieber, das ist ganz schrecklich! Immer hab ich's vorgehabt, und nie bin ich dazu gekommen.«

»Keine Moneten?« fragte Toby. Mrs. Quill verzog keine Miene. »Haben Sie kein Geld zum Herrichten?« wiederholte er.

»O doch, hab ich.« Mrs. Quill schaute in der Bar herum. »Ich hab sogar ein paar Sachen oben, die ich immer hier an den Wänden aufhängen wollte. Alles ist so dreckig, ich schäm mich direkt.«

»Nein, nein«, sagte Toby ungeduldig. Er war jetzt quicklebendig. »Davon rede ich doch überhaupt nicht.«

Mrs. Quill lächelte ihn sehr freundlich an.

»Hören Sie«, sagte Toby, »ich hab mein Leben lang Restaurants und Bars und Klubs und so was gemanagt, und die laufen auch.«

»Davon bin ich überzeugt.«

»Ich sag Ihnen, das klappt bei mir. Hören Sie, verschwinden wir von hier; gehn wir woanders hin, wo wir richtig reden können. Nennen Sie irgendein Restaurant in der Stadt, und ich führ Sie hin. Ist mir die Sache wert, und erst recht für Sie. Sie werden's schon sehen. Wir können noch was trinken und vielleicht was Kleines essen. Hören Sie« – er packte Mrs. Quill am Oberarm – »hätten Sie Lust, ins Hotel Washington zu gehen?«

Zuerst reagierte Mrs. Quill nicht darauf, aber als ihr bewußt wurde, was er gesagt hatte, antwortete sie mit vor Erregung zitternder Stimme: »Mit dem allergrößten Vergnügen.« Toby sprang vom Hocker, zog sich den Hut tief ins Gesicht und ging zur Tür. »Dann kommen Sie«,

sagte er über die Schulter zu Mrs. Quill. Er sah verärgert aus, aber auch entschlossen ...

Sie stiegen in ein Taxi und fuhren zum Hotel. Toby schwieg. Er fläzte sich breit auf seinen Sitz und steckte sich eine Zigarre an.

»Ich finde es schade, daß man die Autos überhaupt erfunden hat«, sagte Mrs. Quill.

»Würd man ja verrückt werden, wenn man mal von hier nach dort will, und da gäb's die nicht.«

»Ach nein. Ich laß mir immer Zeit. Es gibt nichts, was nicht warten kann.«

»Meinen *Sie*«, sagte Toby mit mürrischer Stimme und in dem Gefühl, genau das habe er in Mrs. Quill noch zu bekämpfen. »Grad mit dieser Extrasekunde läuft *Man O' War* oder irgendein anderes Pferd als erstes durchs Ziel«, sagte er.

»Na, das Leben ist kein Pferderennen.«

»Genau das isses heutzutage.«

»Aber nicht für mich«, sagte Mrs. Quill.

Toby war empört.

Der Weg, der zur Terrasse des Washington Hotels führte, war von afrikanischen Dattelpalmen gesäumt. Das Hotelgebäude war imposant. Sie stiegen aus dem Auto. Toby blieb mitten auf dem Bürgersteig zwischen den dumpf rauschenden Palmen stehen und schaute zum Hotel hinüber. Es war hell erleuchtet. Mrs. Quill stellte sich neben Toby.

»Ich wette, die schröpfen einen da drin ganz schön für die Drinks«, sagte Toby. »Die machen garantiert einen zweihundertprozentigen Profit.«

»Bitte«, sagte Mrs. Quill, »wenn Sie meinen, Sie könnten sich's nicht leisten, dann nehmen wir doch ein Taxi und fahren zurück. Die Fahrt allein ist schon ein Vergnügen.« Ihr Herz klopfte wie wild.

»Seien Sie doch nicht blöd, verdammt noch mal!« fauchte Toby, und sie gingen auf das Hotel zu.

Der Fußboden in der Eingangshalle war aus imitiertem gelben Marmor. In einer Ecke befand sich ein Zeitschriftenstand, an dem die Gäste außerdem Kaugummi und Ansichtskarten, Stadtpläne und Souvenirs kaufen konnten. Mrs. Quill hatte das Gefühl, als wäre sie gerade von einem Schiff gekommen. Sie ging mehrmals im Kreise, Toby hingegen schritt direkt auf den Mann im Zeitungsstand zu und erkundigte sich, wo man etwas zu trinken bekommen könne. Der Mann schlug Toby vor, auf die Terrasse hinauszugehen.

»Dort gehen alle hin«, sagte er.

Sie wurden an einen Tisch am Rande der Terrasse placiert, von wo aus sie einen wunderschönen Blick auf einen Teil des Strandes und das Meer hatten.

Auf dem Tisch zwischen ihnen brannte ein Lämpchen mit einem rosafarbenen Schirm. Toby begann sofort an ihm zu drehen. Seine Zigarre war inzwischen ganz kurz und feucht geworden.

Auf der Terrasse unterhielten sich da und dort leise einzelne Grüppchen.

»Ausgestorben!« sagte Toby.

»Oh, ich find's himmlisch«, sagte Mrs. Quill. Sie fröstelte ein wenig, da der Wind ihr über die Schulter wehte; und es war um einiges kühler als in Colón.

Ein Kellner erschien mit gezücktem Bleistift an ihrem Tisch und wartete auf ihre Bestellung.

»Was möchten Sie?« fragte Toby.

»Was würden Sie empfehlen, junger Mann, was wirklich köstlich schmeckt?« sagte Mrs. Quill.

»Früchtepunsch à la Washington Hotel«, sagte der Kellner wie aus der Pistole geschossen.

»Das klingt *wirklich* gut.«

»Okay«, sagte Toby, »bringen Sie einen und mir einen Whisky pur.«

Als Mrs. Quill schon reichlich an ihrem Getränk genippt hatte, begann Toby zu reden. »Die Kohle haben Sie also, aber sich nie drum gekümmert, es herzurichten.«

»Hmmmmm!« sagte Mrs. Quill. »Da sind wirklich alle Früchte dieser Welt drin in diesem Punsch. Ich fürchte, ich benehme mich wie ein Kind, aber es gibt niemanden, der die guten Dinge mehr liebt als ich. Und ich habe nie darauf verzichten müssen, wissen Sie.«

»Sie wollen doch nicht etwa sagen, so wie Sie leben, das wären die guten Dinge des Lebens, oder?« sagte Toby.

»Ich lebe viel besser, als Sie denken. Was wissen Sie eigentlich von meinem Leben?«

»Sie könnten zum Beispiel mehr Stil drin haben«, sagte Toby, »und zwar spielend. Ich meine, das Lokal könnte kinderleicht aufgemöbelt werden.«

»Wär wahrscheinlich bloß eine Kleinigkeit.«

»Hm.« Toby wartete ab, ob sie vielleicht von sich aus dazu etwas sagen wollte, bevor er wieder anfing.

»Sehen Sie sich mal die Leute hier an«, sagte Mrs. Quill. »Es sind nicht viele, aber man könnte doch meinen, die würden sich zusammentun, statt so zu zweit oder zu dritt zu bleiben. Wo die alle hier in diesem wunderbaren Hotel wohnen, könnte man doch glauben, sie wären in Abendrobe und amüsierten sich koste es

was es wolle, statt hier von der Terrasse aus bloß rumzuschauen oder zu lesen. Jeder denkt doch, die seien ausstaffiert bis zum geht nicht mehr und flirteten miteinander, statt so gewöhnlich angezogen zu sein.«

»Sind sind halt sportlich gekleidet«, sagte Toby. »Sie haben keine Lust, sich fein zu machen. Wahrscheinlich kommen die Leute hierher, um ihre Ruhe zu haben. Wahrscheinlich Geschäftsleute. Manche gehören vielleicht zur feinen Gesellschaft. Die müssen auch mal ausspannen. Wo die wohnen, müssen die ständig irgendwo im Rampenlicht stehen.«

»Ich jedenfalls würde nicht so viel Geld zahlen, nur um mich auszuruhen. Ich würde zu Haus bleiben.«

»Ist denen Jacke wie Hose. Die haben's ja reichlich.«

»Nur zu wahr. Ist das nicht traurig?«

»Was soll daran traurig sein. Was ich traurig finde«, sagte Toby, beugte sich zu ihr vor und drückte heftig seine Zigarre im Aschenbecher aus, »was ich traurig finde, ist, daß Sie die Bar haben und das Hotel mit allem Drum und Dran und nicht mehr Geld rausholen.«

»Ja, schrecklich, nicht?«

»Ich mag Sie, und ich kann nicht mitansehen, wie Sie nicht kriegen, was drinsteckt.« Er nahm fast behutsam ihre Hand. »Ich wüßte schon, was ich mit Ihrem Lokal machen würde. Hab ich ja schon gesagt. Erinnern Sie sich, was ich gesagt hab?«

»Hm, Sie haben mir so viel erzählt.«

»Ich wiederhol's noch einmal. Ich hab mein Leben lang mit Restaurants, Bars und Hotels zu tun gehabt und hab die Läden immer prima in Schuß gebracht. Ich sagte, prima in Schuß. Wenn ich jetzt gleich die Kohle hätte und nicht so knapp bei Kasse wär, weil ich meinem Bruder und seiner Familie aus einer Klemme helfen mußte, würde ich sofort mein eigenes Geld nehmen, bevor Sie nur Piep sagen könnten, und würd es in Ihren Schuppen stecken und den mal aufmöbeln. Ich weiß, ich krieg das zurück, ein Akt der Nächstenliebe wär das nicht.«

»Sicher nicht«, sagte Mrs. Quill. Sie bewegte den Kopf leicht von einer Seite zur anderen. Sie sah Toby mit glänzenden Augen an.

»Ich muß bis nächsten Oktober kurztreten, da kommt ein Riesenauftrag rein. Ein Auftrag mit 'ner Ladenkette. Ein bißchen Geld könnte ich jetzt schon gebrauchen, aber das isses nicht.«

»Sie müssen mir keine Erklärung abgeben, Toby«, sagte Mrs. Quill.

»Was wollen Sie damit sagen, Sie müssen keine Erklärung abgeben? Interessiert Sie das nicht, was ich Ihnen zu sagen habe?«

»Toby, mich interessiert jedes Wort, das Sie sagen. Aber Sie brauchen sich keine Sorgen wegen der Getränke zu machen. Ihre Freundin Flora Quill sagt Ihnen, das ist nicht nötig. Wir sind da, um uns zu amüsieren, und weiß der Himmel, das tun wir, nicht wahr, Toby?«

»Ja, ja, aber was ich noch sagen will. Ich glaub, der Grund, warum Sie nichts gemacht haben mit dem Lokal, ist, daß Sie vielleicht nicht wußten, wo anfangen. Stimmt's? Sie kennen sich eben nicht aus. Ich weiß genau, wie man eine Band und Zimmerleute und Kellner kriegt, und zwar billig. Da macht mir niemand was vor. Sie haben doch einen Namen, und die Leute kommen jetzt in Strömen, weil sie direkt von der Bar nach oben können. Pacifica ist ein Knüller, sie kennt jeden Kerl in der Stadt, und jeder mag sie und jeder traut ihr. Der Haken ist nur, daß Sie keine Atmosphäre da haben, keine Festbeleuchtung, nichts zum Tanzen. Nett ist es nicht sonderlich, und groß genug auch nicht. Die Leute gehn zuerst woanders hin und kommen dann später in Ihren Laden. Kurz bevor sie ins Bett gehn. Wenn ich Sie wäre, ich würd mich im Grab umdrehen. Die anderen kriegen die dicken Brocken. Sie kriegen nur ganz wenig. Was am Knochen übrigbleibt, verstehn Sie?«

»Das Fleisch am Knochen ist am zartesten«, sagte Mrs. Quill.

»He, red ich hier eigentlich für die Katz, oder sind Sie am Spinnen? Ich mein's ernst. Sie haben doch Geld auf der Bank. Sie haben's doch, oder?«

»Ja, ich habe Geld auf der Bank«, sagte Mrs. Quill.

»Na also. Dann lassen Sie mich mal ran, und ich mach Ihnen was aus dem Schuppen. Ich nehm Ihnen alles ab. Sie brauchen bloß die Hände in den Schoß zu legen und abzusahnen.«

»Unsinn«, sagte Mrs. Quill.

»Nun machen Sie schon«, sagte Toby, der allmählich wütend wurde. »Ich will doch nichts weiter von Ihnen, nur eine kleine Gewinnbeteiligung am Lokal vielleicht und ein bißchen Kleingeld, um die Unkosten zu decken für eine Weile. Ich kann alles billig und schnell erledigen, ich schmeiß den Laden für Sie, ohne daß es Sie viel mehr kostet als jetzt.«

»Das find ich herrlich, Toby. Find ich einfach herrlich.«

»Sie brauchen mir nicht zu erzählen, daß das herrlich ist, Ich weiß, es ist herrlich. Ach was, herrlich – Klasse ist das. Große Klasse. Wir dürfen keine Zeit verlieren. Trinken Sie noch was.«

»Ja, ja.«

»Für Sie gebe ich meinen letzten Cent aus«, sagte er leichtsinnig.

Mrs. Quill war mittlerweile betrunken, und sie nickte deshalb nur mit dem Kopf.

»Es lohnt sich aber.« Er lehnte sich zurück in seinen Stuhl und studierte den Horizont. In seinem Kopf stellte er eifrigst Berechnungen an. »Welchen Anteil an Ihrem Lokal sollte ich denn Ihrer Meinung nach bekommen? Vergessen Sie nicht, ein Jahr lang führ ich den Laden für Sie.«

»Ach, mein Lieber«, sagte Mrs. Quill, »ich hab wirklich nicht die geringste Ahnung.« Sie lächelte ihn selig an.

»Okay. Wieviel Vorschuß wollen Sie mir denn geben, damit ich erst mal bleiben kann, bis der Laden richtig läuft?«

»Ich weiß nicht.«

»Gut, wir könnten's folgendermaßen machen«, sagte Toby vorsichtig. Er war sich noch nicht sicher, ob er den richtigen Zug gemacht hatte. »Wir könnten's so machen: Ich verlang nicht, daß Sie sich verausgaben. Ich möchte mit Ihnen ins Geschäft kommen. Sie sagen mir, wieviel Geld Sie auf der Bank haben. Dann rechne ich aus, was Sie das Herrichten des Lokals im ganzen kosten wird, und dann, wieviel meiner Meinung nach das Minimum für mich ist. Wenn Sie nicht viel haben, werde ich Sie gewiß nicht an den Bettelstab bringen. Sind Sie ehrlich zu mir, bin ich ehrlich zu Ihnen.«

»Toby«, sagte Mrs. Quill ernst, »meinen Sie nicht, ich bin eine ehrliche Frau?«

»Verdammt noch mal«, sagte Toby, »glauben Sie etwa, ich würde Ihnen so einen Vorschlag machen, wenn ich annähme, Sie wären's nicht?«

»Nein, vermutlich nicht«, sagte Mrs. Quill traurig.

»Wieviel hamse?« wollte Toby wissen.

»Was?« fragte Mrs. Quill.

»Wieviel Geld Sie auf der Bank haben?«

»Ich zeig's Ihnen, Toby. Ich zeig's Ihnen gleich.« Sie begann in ihrem großen Geldbeutel aus schwarzem Leder zu kramen.

Toby preßte den Mund zusammen und wandte die Augen von Mrs. Quills Gesicht.

»Ein Durcheinander – was für ein Durcheinander«, murmelte Mrs. Quill. »Ich hab alles in diesem Geldbeutel, bis auf den Küchenherd.«

Es lag jetzt eine große Ruhe in Tobys Blick, als er zuerst aufs Meer schaute und dann auf die Palmen. Er glaubte fest, daß er schon gewonnen habe, und fragte sich bereits, ob sich das Ganze überhaupt lohnte.

»Du meine Güte«, sagte Mrs. Quill, »wie ein Zigeuner lebe ich: zweiundzwanzigfünfzig auf dem Konto, und das läßt mich auch noch kalt.«

Toby riß ihr das Kontobuch aus der Hand. Als er sah, daß der Kontostand mit zweiundzwanzig Dollars und fünfzig Cents angegeben war, sprang er auf, in der einen Hand die zerknüllte Serviette, in der anderen seinen Hut, und verschwand eilig von der Terrasse.

WORLD FAMOUS
DARK AND MELLOW
MYERS'S
RUM
"Planters' Punch"
BRAND
100% FINE
JAMAICA RUM
RUM
RUM
RUM
DISTILLED IN JAMAICA UNDER GOVERNMENT SUPERVISION FOR
MYERS RUM COMPANY LTD., NASSAU, BAHAMAS, SUCCESSORS TO
FRED L. MYERS & SON
FOUNDED 1879
KINGSTON, JAMAICA
WEST INDIES
GOLD MEDAL
ROYAL CANADIAN
TORONTO INDUSTRIAL EXHIBITION ASSOCIATION
1910-1912
TORONTO INDUSTRIAL EXHIBITION 1910 & 1912
MYERS'S JAMAICA RUMS
DIPLOMA OF MERIT
KNUTSFORD PARK SHOW
JAMAICA 1911 & 1927
GAIN HIGHEST AWARDS
GOLD MEDAL
AWARDED TO
FRED L MYERS & SON
KINGSTON
FOR
OLD JAMAICA RUM
ST. GEORGES AGRICULTURAL SHOW JAMAICA 1910.

Den berühmtesten Fruit Punch gibt es schon seit dem 17. Jahrhundert: den ›Planter's Punch‹. Umstritten ist, ob er das favorisierte Getränk der kolonialen Pflanzer war oder ob er, wie es in anderen Legenden heißt, wirklich eimerweise den Sklaven auf den Zuckerrohrplantagen zur Erfrischung gereicht wurde. Kennt man die Geschichte der Sklavenhaltung in der Karibik, erscheint die zweite Version reichlich unwahrscheinlich, denn die Mühe, den Zuckerrohrschneidern einen Punsch zu mixen, dürfte sich wohl kein Plantagenbesitzer gemacht haben.

Heute gibt es den ›Planter's Punch‹ in einer Unmenge von Variationen. In jedem Fall aber ist er ein Mixed Drink aus Fruchtsaft und Rum. In den meisten karibischen Regionen wird der ›Planter's‹ aus braunem Rum gemixt, nur auf den französischen Antillen Martinique und Guadeloupe wird stets weißer *rhum*, hauptsächlich die Marke ›la Mauny‹, für den dort so genannten ›Planteur‹ verwendet, dazu meist Limetten-, Orangen-, Maracuja- oder Grapefruitsaft. Spezialität der französischen Antillen ist auch der ›*Petite Punch*‹ oder ›*Ponche Blanche*‹ – ein Teil weißer Rum, ein Teil Zuckerrohrsirup, eine Limettenscheibe und Eis. In den Fischerkneipen an Martiniques Küsten trinkt man den ›*Ponche Blanche*‹ allerdings in einfacherer und noch wirkungsvollerer Zusammensetzung: ein Wasserglas voll weißem *rhum*, dazu zwei Löffel brauner Zucker und eine viertel Limette. Bewährtes Mittel gegen den Kater danach am nächsten Morgen: gesalzener Trockenfisch.

Andere Fruit Punches lassen sich mit allen erhältlichen tropischen Fruchtsäften variieren: etwa Orangen-, Ananas- und Maracujasaft, auch Mischungen mehrerer Säfte in einem Fruit Punch sind möglich.

PLANTER'S-PUNCH (1)

3-4 Eiswürfel

2 cl Zitronensaft

1-2 cl Grenadine

8 cl Orangensaft

6 cl brauner Rum (Jamaica)

Zubereiten im Shaker. Servieren auf Eis im Longdrink-Glas. Orangenscheibe und Cocktailkirsche dazugeben.

PLANTER'S-PUNCH (2)

3-4 Eiswürfel

2 cl Zitronensaft

1-2 cl Grenadine

4 cl Orangensaft

4 cl Ananassaft

6 cl brauner Rum (Jamaica)

Zubereiten wie Planters-Punch 1.

WEST INDIAN PUNCH

1 Barschaufel gestoßenes Eis

Saft ½ Limette

3 cl Ananassaft

3 cl Orangensaft

2 cl Bananenlikör

6 cl brauner Rum

Zutaten im Shaker auf gestoßenem Eis schütteln und in ein Longdrink-Glas abseihen. Mit gestoßenem Eis auffüllen. Muskat darüberreiben.

RUM RUNNER *1986

3-4 Eiswürfel

Saft ½ Limette

einige Tropfen Angostura

1 cl Zuckersirup

8 cl Ananassaft

3 cl weißer Rum

3 cl brauner Rum

Zubereiten wie West Indian Punch.

COLIBRI

3-4 Eiswürfel

8 cl Orangensaft

einige Tropfen Angostura

3 cl weißer Rum

2 cl brauner Rum

Zubereiten im Longdrink-Glas auf Eiswürfeln, gut verrühren.

YELLOW BIRD 1

Saft ½ Limette oder 2 cl Zitronensaft

4 cl Orangensaft

1 cl Tia Maria

3 cl weißer Rum

3 cl brauner Rum (Jamaica)

Zubereiten im Shaker auf gestoßenem Eis. Servieren in einem zur Hälfte mit gestoßenem Eis gefüllten Longdrink-Glas. Minzezweig und Cocktailkirsche dazugeben.

YELLOW BIRD 2

Statt Tia Maria 1 cl Galliano verwenden.

SCORPION

1 Barschaufel gestoßenes Eis

Saft ½ Limette oder 2 cl Zitronensaft

4 cl Orangensaft

1 cl Triple Sec

2 cl Brandy

2 cl weißer Rum

4 cl brauner Rum

Zubereiten im Shaker auf gestoßenem Eis. Servieren in einem zur Hälfte mit gestoßenem Eis gefüllten Longdrink-Glas. Cocktailkirsche dazugeben.

HURRICANE

1 Barschaufel gestoßenes Eis

Saft ½ Limette

2 cl Rose's Lime Juice

1 cl Maracuja Sirup

2 cl Ananassaft

2 cl Orangensaft

2 cl weißer Rum

4 cl brauner Rum (Jamaica)

Zubereiten wie Scorpion. Ananasstück und Cocktailkirsche dazugeben.

LEICHTMATROSE *1986

1 Barschaufel gestoßenes Eis

Saft ½ Limette oder 2 cl Zitronensaft

2 cl Rose's Lime Juice

1 cl Zuckersirup

2 cl weißer Rum

3 cl brauner Rum

*Zubereiten im Shaker auf gestoßenem Eis. Kräftig schütteln.
In ein Old-Fashioned-Glas gießen, mit gestoßenem Eis auffüllen, ausgepreßtes Limettenviertel dazugeben.*

SCHWERMATROSE *1983

1 Barschaufel gestoßenes Eis

Saft ½ Limette oder 2 cl Zitronensaft

4 cl Rose's Lime Juice

1 cl Tia Maria

2 cl weißer Rum

4 cl brauner Rum

4 cl hochprozentiger brauner Rum

*Zubereiten wie Leichtmatrose.
Servieren im Longdrink-Glas.*

TIEFSEETAUCHER *1984

1 Barschaufel gestoßenes Eis

Saft einer Limette oder 4 cl Zitronensaft

1 cl Limettensirup

1-2 Barlöffel feiner Zucker

2 cl Cointreau

2 cl weißer Rum

6 cl brauner Rum

6 cl hochprozentiger brauner Rum

*Zubereiten wie Leichtmatrose.
Servieren im Super-Longdrink-Glas.*

MAI TAI

1 Barschaufel gestoßenes Eis

Saft einer Limette

½ cl Mandelsirup (Orgeat)

4 cl Rose's Lime Juice

1 cl Apricot Brandy

6 cl brauner Rum

2 cl hochprozentiger brauner Rum

*Zubereiten im Shaker auf gestoßenem Eis. In ein Longdrink-Glas abseihen und mit gestoßenem Eis auffüllen.
Limettenviertel darüber auspressen und mit einem Minzezweig garnieren.*

ZOMBIE

1 Barschaufel gestoßenes Eis

4 cl Zitronensaft

2 cl Blutorangensaft

2 cl Grenadine

2 cl Cherry Heering

2 cl weißer Rum

6 cl brauner Rum

2 cl hochprozentiger brauner Rum

Zubereiten im Shaker auf gestoßenem Eis. In ein Longdrink-Glas abseihen und mit gestoßenem Eis auffüllen. Orangenviertel und Amarenakirsche dazugeben und mit Minzezweig dekorieren.

LOFTUS SPECIAL *1986

(Get up, stand up, don't give up to fight)

1 Barschaufel gestoßenes Eis

Saft von 1½ Limetten

2 cl Grenadine

2 cl Cherry Heering

2 cl Apricot Brandy

2 cl weißer Rum

4 cl brauner Rum

4 cl hochprozentiger brauner Rum

Zubereiten wie Zombie.

JAMAICA FEVER *1982

1 Barschaufel gestoßenes Eis

Saft ½ Limette oder 2 cl Zitronensaft

2 cl Mangosirup

4 cl Ananassaft

2 cl Brandy

4 cl brauner Rum

Zubereiten wie Scorpion.
(Im Shaker auf gestoßenem Eis. Servieren in einem zur Hälfte mit gestoßenem Eis gefüllten Longdrink-Glas. Cocktailkirsche dazugeben.)

CASTRO COOLER

1 Barschaufel gestoßenes Eis

Saft ½ Limette oder 2 cl Zitronensaft

2 cl Rose's Lime Juice

4 cl Orangensaft

2 cl Calvados

4 cl Golden Rum

Zubereiten wie Scorpion.

HONOLULU JUICER

1 Barschaufel gestoßenes Eis

Saft ½ Limette oder 2 cl Zitronensaft

2 cl Rose's Lime Juice

6 cl Ananassaft

2 cl brauner Rum

4 cl Southern Comfort

Zubereiten wie Scorpion. Ananasscheibe und Cocktailkirsche dazugeben.

PINERITO

1 Barschaufel gestoßenes Eis

Saft ½ Limette

1 cl Grenadine

8 cl Grapefruitsaft

6 cl weißer Rum

Zubereiten wie Scorpion.

FREITAG *1986

1 Barschaufel gestoßenes Eis

Saft ¼ Limette

Fruchtfleisch einer Mango

oder 8 cl Mangosaft

2 cl Mangosirup

2 cl weißer Rum

Zubereiten im Elektromixer auf gestoßenem Eis. In ein Longdrink-Glas abgießen. Mit gestoßenem Eis auffüllen. Ausgepreßtes Limettenviertel dazugeben.

ROBINSON *1986

1 Barschaufel gestoßenes Eis

Saft ¼ Limette

Fruchtfleisch einer Papaya

oder 8 cl Papayasaft

2 cl Zuckersirup

3 cl weißer Rum

3 cl brauner Rum

Zubereiten wie Freitag.

PUNCH À LA WASHINGTON HOTEL *1986

1 Barschaufel gestoßenes Eis

Saft ½ Limette

Fruchtfleisch einer Passionsfrucht

oder 8 cl Maracujasaft

2 cl Maracujasirup

3 cl weißer Rum

3 cl brauner Rum

Zubereiten wie Freitag.

GAUGUIN *1986

1 Barschaufel gestoßenes Eis

Saft ½ Limette

2 cl Rose's Lime Juice

Fruchtfleisch einer Cherimoya

4 cl weißer Rum

Zubereiten wie Freitag.

Dies ist das dritte Mal, daß ich C.A. Cavander, Nachtwächter, im Dienst schlafend angetroffen habe. Um 0.45 letzte Nacht fand ich ihn fest eingeschlafen in einem Schaukelstuhl im Foyer. Nachtwächter Cavander wurde deshalb entlassen.
Nachtwächter Hillyard! Dieses Buch wird in Zukunft als ein Logierbericht des Nachtwächters geführt werden. Ich erwarte einen detaillierten Bericht über alles, was sich nachts im Hotel zuträgt. Seien Sie durch das Beispiel des bisherigen Nachtwächters Cavander gewarnt.

W.A.G. Inskip, Manager

Mr Manager, Bemerkungen verstanden. Sie haben keine Sorge wo mich angeht Sir.

Charles Ethelbert Hillyard

23. November 23.00 Nachtwächter Hillyard übernimmt Wachtdienst im Hotel C... mit einer Taschenlampe 2 Kühlschrankschlüssel und Zimmerschlüssel 1, 3, 6, 10 und 13, auch 25 Kartoons Carib Bir und 7 Kartoons Heineken und 2 Kartoons amerikanische Zigaretten. Bir Kartoons nich aufgemacht, alles in Ordnung, keine Eintragung.

Charles Ethelbert Hillyard

7.00 Nw. Hillyard übergibt Wachtdienst im Hotel C... an Mr Vignales mit einer Taschenlampe 2 Kühlschrankschlüssel und Zimmerschlüssel 1, 3, 6, 10 und 13, 32 Kartoons Bir. Bar nich aufgemacht, alles in Ordnung, keine Eintragung.

Charles Ethelbert Hillyard

Nachtwächter Hillyard! Heute morgen hat sich Mr Wills bei mir wütend darüber beschwert, daß Sie ihm gestern nacht den Zutritt zur Bar verwehrt haben. Ich frage mich, ob Sie sich eigentlich darüber im klaren sind, was der Zweck dieses Hotels ist. In Zukunft ist allen Hotelgästen, wann immer sie wünschen, der Zutritt zur Bar zu gestatten. Ihre Pflicht besteht einfach darin, aufzuschreiben, was sie sich nehmen. Das ist einer der Gründe, warum das Hotel eine gewisse Anzahl von Kartons mit Bier bereitstellt. (Bitte beachten Sie die Schreibweise dieses Wortes!)

W. A. G. Inskip

Mr Manager, Bemerkungen verstanden. Ich entschuldige mich, ich hatte keine Schangs nich Bildung zu kriegen Sir.

Chas. Ethelbert Hillyard

24. November 23.00 Nw. Hillyard übernimmt Wachtdienst mit einer Taschenl. 1 Barschlüssel 2 Kühlschrankschlüssel 32 Kartons Bier. Alle nich aufgemacht. Um Mitternacht Bar zu und der Barkeeper läuft weg läßt Mr Wills und noch andere in der Bar. Sie gehen um 1.00. Mr Wills hat 16 Carib Bier. Mr Wilson 8. Mr Percy 8. Um 2.00 kommt

Mr Wills wieder in die Bar und er nimmt 4 Carib und ein bischen Brot. Er schneidet seine Hand wenn er das Brot schneiden will. Also haben Sie bitte keine Sorge wegen den Flecken im Teppich Sir. Um 6.00 kommt Mr Wills wieder für ein bischen Sodawasser. Es gibt keins also er nimmt dafür ein Ingwerbier. Sir, Sie sehen ich setze mir vor meine Arbeit gut zu tun Sir. Ich versteh nicht wie Nachtwächter Cavander bei der Arbeit einschlafen konnte Sir.

Chas. Ethelbert Hillyard

Sie wissen anscheinend die Uhrzeit immer ganz genau, und die Gäste haben die Gewohnheit, die Bar nur zu vollen Stunden zu betreten. Sie notieren freundlicherweise die exakte Uhrzeit! Die Uhr aus der Küche steht auf der Fensterbank neben den Schaltern. Sie können diese Uhr benutzen, aber Sie müssen sie jeden Morgen vor Verlassen des Dienstes wieder dorthin ZURÜCKSTELLEN!

W. A. G. Inskip

Verstanden.

Chas. Ethelbert Hillyard

25. November Um Mitternacht Bar zu und um 12.23 der Barkeeper läuft weg läßt Mr Wills und andere in der Bar. Mr Owen trinkt 5 Flaschen Carib. Mr Wilson 6 Flaschen Heineken. Mr Wills 18 Carib. Sie gehen um 2.52. Nichts Besonderes. Mr Wills war voll trunken. Ich versteh nich wie einer so viel trinken kann, achtzehn Flaschen in einen einzigen Mann. So eine Arbeit kann ja jeden zum Adventist des 7. Tags machen. Und noch ein Mann kommt in die Bar von dem ich keinen Namen weiß. Ich höre die rufen ihn Paul. Der hilft mir weil die anderen können nich viel tun. Wir tragen Mr Wills rauf in sein Zimmer und ziehen dem die Stiefel aus und machen seine anderen Kleider ein bischen auf und dann gehen wir. Ich weiß nicht Sir ob die noch mehr trinken wenn ich weg war, an der Tafel für Pepsi Cola ich kann nichts ab lesen aber sie trinken immer noch. Sieht aus wie wenn sie sind zurückgekommen und trinken noch ein bischen. Aber für Mr Wills brauche ich eine extra Hilfe Sir.

Mr Manager, die Uhr ist kaputt. Ich finde sie kaputt wenn ich aus dem Zimmer von Mr Wills wieder komme Sir. Sie steht auf 3.19 Sir.

Chas. E. Hillyard

Gestern nacht wurden mehr als 2 Pfund Kalbfleisch aus dem Kühlschrank entwendet, und ein Kuchen, der noch in der Vitrine lag, wurde angeschnitten. Es ist Ihre Aufgabe, Nachtwächter Hillyard, diese Dinge im Auge zu behalten! Ich fühle ich verpflichtet, Ihnen mitzuteilen, daß ich außerdem die Polizei gebeten habe, alle Angestellten beim Verlassen des Hotels zu kontrollieren, damit Vorkommnisse dieser Art zukünftig unterbunden werden.

W. A. G. Inskip

Mr Manager, ich versteh nich wieso die Leute immer sofort Schuld geben den Dienern. Wegen dem Kuchen, die Vitriene ist nachts zu und ich habe keinen

Schlüssel nich Sir. Alles sicher wo mich angeht Sir.

Chas. Hillyard

26. November Um Mitternacht Bar zu und Barkeeper geht. Mr Wills kommt nich. Ich höre er ist heute abend auf dem amerikanischen Stützpunkt. Alles ruhig, nichts Besonderes.
Mr Manager, ich habe eine Bitte. Bitte sagen Sie das dem Barkeeper das er mir das sagt Sir wenn ein weiblicher Gast im Hotel ist Sir.

C. E. Hillyard

Heute morgen habe ich durch den Bericht eines Gastes erfahren, daß während der Nacht Schreie im Hotel gehört wurden. Sie schreiben ›Alles ruhig‹. Erklären Sie das freundlicherweise schriftlich.

W. A. G. Inskip

Erklärung bitte hier: Nich lang nach Mitternacht klingelt das Telefon und eine Frau fragt nach Mr Jimminez. Ich will ihr sagen wo er ist aber sie sagt sie kann nich richtig verstehen. Fünfzehn Minuten später kommt sie im Auto an. Sie sieht aus wie wenn sie Ärger hat und kann nich schlafen. Ich gehe rauf ihn rufen. Die Tür ist nich zu, ich gehe rein und fasse an seinen Fuß und rufe ihn ganz leise und er springt auf und fängt schreien an. Wenn er kommt zu sich er sagt er hat die Nacht Mähre und dann kommt er runter und geht mit der Frau weg. War nicht nötig aufschreiben. Mr Manager, ich bitte Sie noch einmal. Bitte sagen Sie das dem Barkeeper das er mir das sagt Sir wenn ein weiblicher Gast im Hotel ist.

C. Hillyard

27. November Um 1.00 Bar zu. Mr Wills und ein Amerikaner haben 19 Carib. Um 2.30 kommt ein Polizei und fragt nach Mr Wills. Er sagt der Amerikaner sagt er ist um 200 Dollar und 0 Cent bestolen er hat zuletzt mit Mr Wills und anderen im C... getrunken. Mr Wills und die Polizei wollen die Bar öffnen und durch suchen. Ich sage denen ich kann nich einfach die Bar für sie auf machen. Die Polizei muß mit dem Manager kommen. Dann sagt der Amerikaner es ist nur ein Witz er macht nur einen Witz und sie versuchen die Polizei zum Lachen zu bringen. Aber die Polizei macht ein Gesicht wie ich auch ein Gefühl habe. Dann lacht Mr Wills und er fährt in einem Mietauto weg weil er selbst nich mehr fahren kann. Der Amerikaner wartet draußen und sie fallen alle zwei hin wenn sie in das Auto einsteigen und Mr Wills sagt immer wenn du Geld brauchst kannst du zu meiner Bank kommen Kumpel. Die Polizei geht ganz allein weg.

C. Hillyard

Nachtwächter Hillyard! ›War nich nötig aufschreiben‹!! Sie haben nicht zu entscheiden, was in diesem Logierbericht erwähnt werden muß. Seit wann sind Sie Eigentümer des Hotels und bestimmen, was der Erwähnung bedarf? Hätte der Gast es nicht erzählt, hätte ich nie erfahren, daß man während der Nacht im

Hotel Schreie gehört hat. Wollen Sie mir auch freundlicherweise mitteilen, wer Mr Jimminez ist? Und welches Zimmer er bewohnte oder bewohnt? Und mit welcher Berechtigung? Ich persönlich habe Ihnen gesagt, daß die Namen aller Hotelgäste auf der Tafel neben den Lichtschaltern stehen. Wenn Sie Mr Jimminez' Namen auf dieser Tafel finden oder mir sonst eine Information über ihn geben könnten, wäre ich Ihnen sehr dankbar. Die Dame, nach der Sie fragten, ist Mrs Roscoe, Zimmer 12, wie Sie sehr wohl wissen. Es ist Ihre Pflicht, darauf zu achten, daß die Gäste nicht von ungebetenen Besuchern belästigt werden. Sie dürfen solchen Leuten keine Informationen über Gäste geben. Ich würde es begrüßen, wenn Sie in Zukunft derartige Besucher direkt zu mir schicken.

W. A. G. Inskip

Sir, das ist was ich Sie schon zweimal frage. Ich versteh nich was das für Arbeit ist. Ich denke Nachtwächterarbeit ist ruhige Arbeit und ich mische mich nich in Sachen von weißen Leuten. Aber der Herr bewont auch Zimmer 12, wohin ich gehe ihn rufen. Ich denke nich nötig aufschreiben, weil mich nichts angeht Sir.

C. E. H.

28. November Um Mitternacht Bar zu und Barkeeper geht um 12.20. Mr Wills und andere bleiben und sie gehen alle um 1.25. Mr Wills 8 Carib. Mr Wilson 12. Mr Percy 8. Und der Mann den sie Paul rufen 12. Mrs Roscoe kommt um 12.33 bei die Herren, 4 Gin. Jeder ruft sie Minnie aus Trinidad und dann fangen sie an und singen das Lied und noch ein paar andere. Nichts besonderes. Danach leises singen und gitarrespielen in Zimmer 12. Um 2.17 kommt ein Mann rein und fragt darf er telefonieren und wenn er telefoniert, ungefähr 7 Männer kommen rein und wollen ihn verprügeln. Also legt er auf und sie laufen alle weg. Um 3.00 merke ich das Schloß ist nicht vor der Vitriene. Ich kucke rein, kein Kuchen. Aber das Schloß ist von Anfang an nich davor Sir. Mr Wills kommt um 6.00 wieder runter und sucht seinen Nachtisch. Er kuckt in den Kühlschrank und sieht keinen. Er kriegt ein Stück Ananas. Eine Schüssel steht zugedeckt im Kühlschrank aber es ist nichts drin. Mr Wills stellt sie raus. Die Katze springt drauf, sie fällt runter und ist kaputt. Das Licht in der Garage brennt nicht.

C. E. H.

Unterzeichnen Sie bitte gefälligst mit Ihrem Namen am Ende Ihres Berichts! Sie haben sich angewöhnt, zu schreiben ›Nichts Besonderes‹. Bitte passen Sie auf und denken Sie nach, bevor Sie so eine Behauptung aufstellen. Ich möchte wissen, was Sie mit ›Nichts Besonderes‹ meinen. Wie ich erfahren habe – von Ihnen natürlich nicht –, stattet jetzt die Polizei dem Hotel nachts gewöhnlich einen Besuch ab. Ich wäre Ihnen sehr dankbar, wenn Sie Zeit dafür fänden, die Zeit dieser Besuche zu notieren.

W. A. G. Inskip

Sir, nichts Besonderes heißt einfach alles was ist normal. Ich versteh nich, nichts was ich schreibe gefällt Ihnen. Ich versteh nich was für Arbeit Nachtwächterarbeit wird wenn Leute ein Kembridsch Zeugnis haben müssen wenn sie Nachtwächterarbeit haben wollen. Ich habe keine Bildung nich und deshalb denken alle sie können mich beleidigen.

Charles Ethelbert Hillyard

29. November Um Mitternacht Bar zu und um 12.15 der Barkeeper läuft weg läßt Mr Wills und Mrs Roscoe und andere in der Bar. Mr Wills und Mrs Roscoe gehen um 12.30 und sie lassen Mr Wilson und den Mann den sie Paul rufen in der Bar und gehen alle um 1.00. Um zwantsig Minuten vor 2 kommen Mr Wills und seine Freunde wieder und sie gehen wieder um 5 vor 3. Um 3.45 kommt Mr Wills zurück und holt Brot und Milch und Oliven und Kirschen und fragt auch nach Muskatnüsse. Ich sage wir haben keine. Er trinkt 2 Carib und geht nach zen Minuten. Er nimmt auch die Tasche von Mrs Roscoe mit. Das ganze zu trinken außer den 2 Carib bezahlt der Mann den sie Paul rufen. Ich versteh nich Sir, ich tu so eine Arbeit nich gern. Sie stellen besser einen Nachtbarkeeper an. Um 5.30 kommen Mrs Roscoe und der Mann den sie Paul rufen wieder in die Bar. Sie zanken sich und Mr Paul sagt du kotzt mich an und Mrs Roscoe sagt ich muß schon lange kotzen. Und dann kotzt sie den ganzen Fußboden voll und ruft ich hab die verdammte Milch nich gewollt. Ich mache sauber wenn Mr Wills runter kommt und nach Sodawasser fragt. Wir müssen ein bischen mehr Soda für Mr Wills einkaufen aber ich brauche extra Hilfe für Mr Wills Paul und die anderen Sir.
Die Polizei kommt um 2, um 3.48 und 4.52. Sie sitzen lange Zeit in der Bar. Im Hinterhof schießt es 2 mal. Ein Detektiv stellt Fragen. Ich versteh nich Sir, ich glaube es ist besser für mich wieder irgend eine andere Arbeit zu kriegen. Um 3 höre ich wie einer schreit Diebe und ich sehe einen Mann wie der aus der Hintertür rausrennt, und Mr London, Zimmer 9, sagt es fehlen ihm 80 Cent und eine Packung Zigaretten die auf dem Nachttisch waren. Ich verstehe nich, wann schlafen die Leute hier.

Chas. Ethelbert Hillyard

Nachtwächter Hillyard! Es wurde bedeutend mehr als 80 Cent gestohlen. In Wirklichkeit wurde in der Nacht in mehrere Räume, inklusive meines eigenen eingebrochen. Sie sind hier angestellt, um solche Vorkommnisse zu verhindern. Ihr Interesse an der Moral unserer Gäste scheint Ihre Aufmerksamkeit von Ihren Pflichten abzulenken. Sparen Sie sich Ihre Predigten für Ihre religiösen Freiluftveranstaltungen. Mr Pick, Zimmer

HOTEL
BAR
NO PARKING

7, berichtet, daß Sie ihn trotz seiner dringlichen und wiederholten Bitten nicht um 5 geweckt haben. Er hat sein Flugzeug nach British Guyana verpaßt. Heute morgen wurden keine Zeitungen in die Zimmer geliefert. Ich setze Sie noch einmal davon in Kenntnis, daß die Zeitungen persönlich dem Portier Vignales überreicht werden müssen. Und das Fahrrad des Boten, das Eigentum des Hotels ist, woran ich Sie noch einmal erinnern muß, wurde beschädigt. Was machen Sie denn nachts?!

W. A. G. Inskip

Bitte fragen Sie mich nich Sir.
Wegen dem Fahrrad das beschedigt ist, ich lasse das Fahrrad an der selben Stelle wo ich es sehe. Nichts ist passiert es zu beschedigen. Ich passe immer auf alles Eigentum auf Sir. Ich versteh nich wie Sie denken können ich habe Zeit für Fahrrad fahren. Wegen den Zeitungen Sir, die Polizei und die lesen sie und lassen sie so liegen, ich denke es ist nich nett sie den Gästen zu geben. Ich wecke Mr Pick, Zimmer 7, um 4.50, um 5, um 5.15 und um 5.30. Er sagt mir draußen bleiben, er will nich aufstehn und einmal schmeißt er auf mich mit einer Schachtel Streichhölzer und die Streichhölzer liegen überall im ganzen Zimmer. Ich tu immer alles so gut wie ich das tun kann Sir, aber Gott ist mein Zeuge ich kenne keine Nachtwächterarbeit wie die. Es ist so viel aufzuschreiben, ich habe keine Zeit was anderes zu tun. Ich habe keine vier Hände nich und sechs Augen und ich will extra Hilfe für Mr Wills und seine Freunde Sir. Ich bin ein armer Mann und Sie können schimpfen auf mich aber Sie dürfen nich schimpfen auf meine Religion Sir, weil Unser Herrgott der sieht alles und er wird Vergeltung üben Sir. Ich versteh nich was für Arbeit und was für Ärger ich hier kriege. Alles was ich haben will ist ein bischen ruhige Nachtarbeit und alles was ich kriege ist Beleidigung.

Chas. E. Hillyard

30. November Um 12.25 Bar zu und um 1.00 der Barkeeper läuft weg läßt Mr Wills und seine Freunde in der Bar. Mr Wills hat 12 Carib. Mr Wilson 6. Mr Percy 14. Mrs Roscoe fünf Gin. Um 1.30 geht Mrs Roscoe und es gibt ein bischen singen und gitarrespielen in Zimmer 12. Nichts Besonderes. Die Polizei kommt um 1.35 und sitzt lange Zeit in der Bar, kein trinken kein sprechen kein garnichtstun nur aufpassen. Um 1.45 kommt der Mann den sie Paul rufen mit Mr McPherson von der MS Naparoni rein. Sie fallen alle zwei andauernd hin und lachen immer wenn was geht kaputt. Und der Mann den Sie Paul rufen sagt, gleich ist die Hölle los, sagt Minni, Malcolm kommt, sein Schiff dockt gerade ein. Mr Wills und seine Freunde gehen in alle Richtungen und lassen ein oder zwei Flaschen halb leer liegen. Und dann sagt mir der Mann, den sie Paul rufen, rauf in Zimmer 12 gehen und Minnie Roscoe sagen Malcolm kommt. Ich versteh nich wie Leute sich so benehmen können. So

was kann ja jeden zum Priester machen. Ich sehe das Schloß von der Bartür bricht ab, es hängt nur noch an einem kleinen Stück Holz. Und wenn ich rauf gehe in Zimmer 12 und sage Mrs Roscoe Malcolm kommt sein Schiff dockt gerade ein, die Frau wird sofort nüchtern wie wenn sie keine Gitarrenmusik nich mehr hören will. Und sie fragt mich, wo kann sie verstecken und wohin kann sie gehen. Ich versteh nich, ich habe so ein Gefühl der Jüngste Tag ist nahe. Aber sie hört nich was ich sage. Sie ist ganz aufgeregt eine Minute räumt sie das Zimmer auf und nächste Minute packt sie. Und dann läuft sie raus in den Flur und ich kann sich nich halten und sie läuft direkt die Hintertreppe runter in den Anbau. Und dann, um 5 nach 2, immer noch im Flur, seh ich einen starken Mann auf mich rennen, und er ist stock nüchtern und so wild wie ein Besoffener, und er fragt mich, wo ist sie wo ist sie. Ich frage ihn ist er ein gebetener Besucher. Er sagt hör jetzt mit deiner Scheiße auf, wo ist sie wo ist sie. Also ich denke an das letzte Mal und Mr Jimminez und bringe ihn zum Direktorbüro im Anbau. Er hört ein bischen Schlurfen innen im Zimmer von Mr Inskip und ich erkenne die müde Stimme von Mr Inskip und die Stimme von Mrs Roscoe. Und der rote Mann läuft rein und alles was ich höre in den nächsten fünf Minuten ist bam bam bodow bodow bow bum und die Frau kreischt. Ich versteh nich was für Arbeit aus Nachtwächterarbeit wird, ich will was ruhiges wie die Polizei. Mit der Zeit wird es still und der rote Mann zieht Mrs Roscoe aus dem Anbau raus und sie nehmen ein Taxi und die Polizei sitzt ruhig in der Bar. Dann kommen Mr Percy und die anderen, jeder allein, wieder in die Bar und sie sprechen leise und sie trinken nich und sie gehen um 3. Um 3.15 kommt Mr Wills wieder und will einen Whisky und 2 Carib. Er fragt nach Ananas oder ein bischen süßes Obst, aber es gibt keins. Um 6.00 kommt Mr Wills in die Bar und sucht Soda, aber es gibt keins. Wir müssen ein bischen Soda für Mr Wills einkaufen Sir.
Um 6.30 kommen die Zeitungen und um 7 überreiche ich sie Portier Vignales.

Chas. Hillyard

Mr Hillyard! Angesichts der unglücklichen Krankheit von Mr Inskip trage ich vorübergehend die Verantwortung für das Hotel. Ich erwarte, daß Sie weiterhin Ihre nächtlichen Berichte machen, aber ich wäre froh, wenn Sie Ihre Eintragungen so kurz wie möglich hielten.

Robt.Magnus, Stellvertreter des Managers

1. Dezember 22.30 C. C. Hillyard übernimmt Wachtdienst im Hotel C... Alles in Ordnung. Mitternacht Bar zu. 2.00 Mr Wills 2 Carib, 1 Brot. 6.00 Mr Wills 1 Soda. 7.00 Nachtwächter Hillyard über gibt Wachtdienst an Mr Vignales mit einer Taschenlampe, 2 Kühlschrankschlüssel und Zimmerschlüssel 1, 3, 6 und 12. Bar nich aufgemacht, alles in Ordnung, keine Eintragung.

C. E. H.

Zuckerrohr wächst in allen Tropenzonen und wird ausschließlich zur Zuckergewinnung oder Rumherstellung angebaut. Es gehört zu den Rispengräsern und wird bis zu sechs Meter hoch.

Zuckerrohr ist wie Bambus in kurze Glieder geteilt, die von Ringen begrenzt sind. Jeder dieser Ringe trägt ein bis zu über einen Meter langes, spitzes Blatt.

Die historische Heimat des Zuckerrohrs ist Indien bzw. Ostasien. Daß aus seinem Saft Zucker kristallisiert, hörte man in Europa schon im zweiten Jahrhundert v.Chr. Reisende berichteten, daß »eine neue Art Honig getroffen wurde, die man ohne Hilfe der Bienen aus einer Schilfrohrart gewann, die in den wärmsten Landstrichen Asiens wuchs«.

Geschnitten wird die Zuckerrohrpflanze, früher wie heute, mit der Machete. Ein Augenzeuge von 1860, der britische Schriftsteller Richard Hughes, beschrieb die frühere Zuckersiederei so: »Der Zuckersaft rinnt durch ein keilförmiges Loch in die Siederei, wo ihm ein Neger mit einem Graspinsel eine leichte Leimlösung zusetzt, damit er granuliert. Dann wird er in große Kupferfässer geleert und auf Öfen gekocht, die ganze Scheiterhaufen von Holzbündeln, Abfällen und ausgequetschtem Rohr fressen. Ein paar Neger schäumen die brodelnden Fässer mit langstieligen, kupfernen Schöpflöffeln ab, während ihre Freunde drumherum in einem Nebel von heißem Dampf kauern, Zuckerrohrabfälle kauen und Zucker lutschen.«

Bis zum Mittelalter nannte man den Zukker ›*Dal indicum*‹, das Salz Indiens. Damals war er klebrig und gelbbraun, so, wie er heute noch in jedem karibischen Laden in Plastikbeuteln verkauft wird. Nach der Entdeckung Amerikas und der Erkenntnis, daß auf den Westindischen Inseln Zuckerrohr hervorragend gedieh, wurde Westindien, dann Südamerika, zum Hauptanbaugebiet der ganzen Welt.

Heute liegen überall in Mittelamerika frühere Zuckerrohrfelder brach, der billiger herzustellende Rübenzukker und der hohe Energieverbrauch bei der Rohrzuckerherstellung hat diese unrentabel gemacht. Der Staat St. Vincent beispielsweise hat gerade seine letzte *sugar mill* geschlossen; die Produktionskosten für ein Pfund Zucker lagen bei rund einer Mark – der Weltmarktpreis beträgt etwa 15 Pfennig.

Andere karibische Staaten wie etwa die Dominikanische Republik experimentieren mit Zuckerfabriken, die die benötigte elektrische Energie selbst liefern: die *bagasse*, faseriger Rest nach dem Zermahlen des Rohrs, dient als Brennstoff für das ›Zuckerkraftwerk‹.

Die Kokospalme gehört zum gängigen Traumbild der Karibik, obwohl es sie hier früher überhaupt nicht gab. Wie sie hierhin kam, ist eine merkwürdige Geschichte, denn der Mensch spielte, im Unterschied zur Verbreitungsgeschichte anderer Pflanzen, dabei keine Rolle. Kokospalmen gab es zuerst wahrscheinlich nur auf den Südseeinseln im südwestlichen Pazifik. Auf karibische Inseln, nach Südamerika, Asien oder Afrika kamen sie durch ins Meer gefallene Nüsse, die von den Strömungen der Ozeane an die fernen Strände gespült wurden und dort keimten.

In vielen Tropenzonen gilt die Kokospalme als ›Baum des Lebens‹, da fast alle Teile von ihr dem Menschen nützlich sind: Ihre Blätter dienen der Bedeckung von Dächern, aus ihrem Holz werden Häuser gebaut, die Kokosnußschalen gebraucht man als Gefäße oder brennt man zu hochwertiger Holzkohle. Die Mittelrippen der Blätter ergeben gutes Brennholz, aus den Blättern werden Besen oder lassen sich Körbe und Taschen flechten. Und die faserige Umhüllung des Kokosnußkerns, der bei der jüngeren grünen Frucht das erfrischende Kokoswasser, bei der älteren das weiße Fleisch enthält (die orangefarbene King Coconut ist eine reine Trinkfrucht und entwickelt kein Fleisch), dient zur Herstellung von Matten und Teppichen.

Der Saft des Palmen-Blütenschaftes ist ziemlich zuckrig und kann zu Palmwein (*toddy*) gegoren werden, aus dem Arrak destilliert wird. Zu blühen beginnt die Kokospalme jedoch erst nach sechs Jahren Wachstum. Die in Trauben oben am Stamm hängenden Nüsse sind nach sechs bis acht Monaten ausgereift.

Das Fleisch der Kokosnuß war noch bis vor kurzem Hauptgrundstoff für Pflanzenöl, erst vor etwa 15 Jahren trat die Sojabohne an seine Stelle. Aber auch heute noch werden mit Hilfe von Kokosöl Seifen, Margarine, auch Kerzen, Sonnencreme oder Salben hergestellt.

Und ohne Kokosnußmilch wären schließlich die ›Tropical Drinks‹ nicht denkbar, die in jüngster Zeit immer mehr Liebhaber finden: die Coladas.

Drinnen sah sie, daß es eine Schenke war oder ein Rumshop, wie man sie ihres Wissens auf den Inseln nannte. Als sie die Tür aufstieß und zaudernd hineinblickte, fiel das gleichzeitig hereindringende Sonnenlicht auf drei oder vier rohe Holztische und Stühle in der Mitte des Raumes, die auf der bloßen Erde standen, und auf einige schwach blinkende Flaschen in einem Regal. Niemand schien anwesend zu sein.

Keinen Meter vom Eingang entfernt stand ein Tisch mit wackligen Stühlen daran, und da ihre Beine fast den Dienst versagten, taumelte Avey Johnson darauf zu und sank auf einen Stuhl. Die Ellenbogen auf den Tisch gestützt, legte sie ihre pochende Stirn in die Hände und schloß die Augen.

Schließlich klang ihre Benommenheit durch den erfrischenden Luftzug wieder soweit ab, daß sie sich aufrichten und umschauen konnte.

Außer den wenigen Tischen und Stühlen, die sie vom Eingang her undeutlich erkannte, war in dem Raum nicht viel zu sehen. In der Mitte schräg gegenüber stand eine zerschrammte, wurmstichige Theke mit einer Gaslampe an einem Ende und einem Tablett mit einigen umgestülpten Schnaps- und Weingläsern darauf am anderen. Wo war der Wirt, den sie um ein Glas Wasser bitten konnte? Hinter der Theke stand eine Anzahl von Regalen, die bis auf ein halbes Dutzend kleiner Flaschen mit weißem Rum leer waren. Hinter den Regalen bildeten aufrecht gegen eine Halterung gelehnte Palmenwedel eine Trennwand zur anderen Raumhälfte.

»Hallo, ist hier jemand –?« Ihrer ausgedörrten Kehle gelang es kaum, Wörter zu formen. Gerade wollte sie erneut rufen, als eine dünne, altersheisere Stimme mit scharfem Ton hinter der Trennwand rief: »Hier ist geschlossen, oui.«

Kurz darauf humpelte ein gebeugter Alter, ein Bein kürzer als das andere, hinter dem Schirm aus Palmenwedeln hervor zur Theke und starrte sie von dort ärgerlich an. Seine Kleidung bestand aus einem langärmligen, weißen Hemd ohne Krawatte, mit zerschlissenem Kragen und ausgefransten Manschetten und einer unförmigen, schwarzen Hose ohne Gürtel, die eigentlich mehr rostbraun war. In der Hand hielt er die Anzugjacke sowie Nadel und Faden. Offenbar hatte er still hinter der Trennwand gesessen und genäht, während sie dort vorn saß.

»Geschlossen!« wiederholte er und machte mit der Jacke eine Bewegung, als wollte er sie verscheuchen.

Bei dem Gedanken, wieder in die Sonne gejagt zu werden, der sie soeben entronnen war, begann Avey Johnsons Kopf wieder zu dröhnen. Zugleich provozierte die barsche Art des Mannes bei ihr eine kindliche Starrköpfigkeit, und sie merkte, daß sie sich seitlich am Stuhl festklammerte, um sich zu widersetzen, als er mit einer raschen Bewegung die Jacke auf die Theke warf und auf seinen verschieden langen Beinen flink auf sie zuhumpelte.

»Haben Sie denn nicht verstanden, hier ist zu!« Direkt am Tisch, wo er jetzt stand, erschien er kaum größer als einen Meter sechzig.

»Ja, aber geht es, daß ich trotzdem nur ein paar Minuten hier sitzen bleibe?« Sie klang jetzt ebenso gereizt wie er. »Ich werde Sie nicht weiter bemühen ... Es ist nur, weil ich den ganzen Weg von meinem Hotel am anderen Ende des Strandes gelaufen bin und mich im Schatten etwas erholen muß, bevor ich zurückgehe. Ich bleibe nicht lange.«

Nichts deutete bisher darauf hin, daß der Alte sie verstanden oder überhaupt richtig gesehen hatte. Denn obwohl seine kurzsichtigen Augen auf ihr Gesicht gerichtet waren, hatte er ganz offenbar nicht mitbekommen, daß sie eine Fremde war.

»Ich bleib nur ein paar Minuten.«

Er sagte nichts und stand nur da. Er schien etwa an die neunzig Jahre zu sein, die Augen wirkten im Halblicht des Rumshops finster, und die eingegerbten Furchen seines Gesichts ähnelten unzähligen, eingeritzten Stammeszeichen. Für seine schmale, gebrechliche Gestalt schien die Kleidung, die er trug, zu schwer. Dennoch hatte er soeben den Raum mit einer gezwungenen Vitalität durchquert, die sein Alter und auch sein Gebrechen leugnete. Und seine großen, harten und sehnigen Hände wirkten kräftig genug, um die sich noch immer am Stuhl festklammernde Avey Johnson zu packen und an die Luft zu befördern ...

»Jeden anderen Tag könnten Sie hier sitzen, solange Sie wollen, oui«, sagte er und es klang schon freundlicher. Der Blick war nicht mehr so schroff, aber seine Augen hatten sie noch immer nicht erkannt. »Alle wissen, daß an diesen Tagen im Jahr hier geschlossen ist. Der Ausflug, oui!«, rief er angesichts ihres verständnislosen Blicks. »Wegen Ausflug ist zu ... Ein Mann lebt das ganze Jahr hier, so muß er nach der Familie sehen. Seine alten Eltern, wenn sie noch leben, und nach der übrigen Familie ... Die Vorfahren. Jedes Jahr um diese Zeit warten sie schon auf uns, und wir geben ihnen Ehre. Ich sage Ihnen, man gibt ihnen besser Ehre!« rief er und fixierte Johnson mit einem Blick, der sich langsam immer mehr nach innen richtete.

»Darum«, fuhr er demütig fort, »wenn ich nach Hause komme, nehme ich gleich zuerst einen Maiskolben direkt vom Halm und röste ihn und lege ihn ihnen auf einen Teller. Und neben den Teller stelle ich eine brennende Kerze. Jeder tut das. Dann spritze ich etwas Rum draußen vors Haus. Das haben sie gern. Und jedes Jahr, das Gott uns gibt, halte ich für sie Big Drum.[3] Und wer kniet als erster und singt das ›Beg Pardon‹? Wer?« rief er und antwortete sich gleich selbst, indem er sein Gewicht auf das kürzere Bein verlagerte, so daß es aussah, als falle er plötzlich auf die Knie. Und unvermittelt fing er mit zitternder, hoher Stimme und starrem Blick zu singen an: »*Pa'doné mwê/Si mwê merité/ Pini mwê ...*« Seine Arme breiteten sich voll Demut aus: »*Si mwê merité/Pa'doné mwê* ...«

Die eingezogenen Arme des Mannes mit ihren gewaltigen Händen sanken langsam an der Seite herab. Er stellte sich wieder auf sein gesundes, längeres Bein und schien sich zu erheben. »Auf meinen Knien, oui, bei den Big Drums, bitte ich sie um Verzeihung für das Unrecht, das ich ihnen während des Jahres vielleicht unabsichtlich getan habe«, sagte er, und sein Blick kehrte langsam von irgendwoher zurück. »Hm, man bittet sie besser, sonst sind sie böse und zerstören dein Leben mit einem Schlag. Sie sind nicht so freundlich, wie's immer aussieht. Und wenn ihr Volk für sie beim Big Drum tanzt, dann strenge ich mich an, wenn's auch nicht so richtig geht mit meinen Hinkebeinen. Die Eltern! Die Vorfahren!« In seiner Stimme schwang Sympathie, aber auch Furcht mit.

Dann wieder voller Stolz – und dabei richteten sich seine gebeugten Schultern fast kerzengerade auf: »Ich bin ein Chamba![4] Von väterlicher Seite. Sie alle waren Chamba! Nur meine Mutter war eine Manding, und wenn ihr Volk tanzt, dann mache ich ein, zwei Runden im Kreis mit, damit sie nicht denkt, ich mißachte sie. Aber erst muß ich die Chambas ehren.«

Er lehnte sich plötzlich über den Tisch, und seine unsteten Augen waren nur kurz vor Avey Johnsons Gesicht. »Und was sind Sie?«

»Ich bin eine Besucherin, Touristin, bin nur einen Tag hier«, sagte sie schwach. »Ich war auf dem Kreuzfahrtschiff, das gestern eingelaufen ist. Ich ... ich habe es verlassen, weil ich direkt nach Hause fliegen möchte, aber ich habe gestern das Flugzeug verpaßt und mußte über Nacht bleiben ... Ich fliege heute nachmittag ab.«

Und da der Mann weiter stur schwieg, fügte sie hinzu: »Ich fürchte, Sie haben mich mit jemandem verwechselt, der hier wohnt, oder auf den anderen Inseln ... der vielleicht wüßte, wovon Sie sprechen. Ich komme aus den Vereinigten Staaten. New York ...«

Und sie wiederholte: »New York ...«

Er machte eine schroffe, verächtliche Handbewegung. Dennoch verfehlte der magische Name seine Wirkung nicht: Sein Blick nahm einen konzentrierten Ausdruck an. Zum erstenmal, seit der Mann ihr gegenüber am Tisch stand, schaute er sie wirklich an und registrierte die Tatsache, daß sie eine Fremde war und keine der Ortsansässigen, die an einem falschen Tag hereingeplatzt war.

Finster und plötzlich müde musterte er nacheinander hastig ihr Gesicht, ihre gefärbten, chemisch geglätteten Haare, das teure Leinenkleid, die kobaltblau glänzenden Ringe an ihrer linken Hand. Sein Blick ruhte lange auf den Ringen, wurde seltsam ängstlich, und dann schloß er die Augen.

Neben dem Tisch stand ein Stuhl; er ergriff ihn blindlings, ließ sich darauf nieder und senkte den Kopf ...

»Ich weiß gar nicht mehr, wann ich das letzte Mal soviel gelaufen bin«, begann

Licensed
To SELL
LIQUOR
No 12

sie nach einiger Zeit geistesabwesend mit belegter Stimme. »Ich bin einfach immer nur gegangen. Ich habe die Sonne nicht einmal gespürt, ehe ich fast an diesem Strandende war. Und da war sie unerträglich geworden. Und ich hatte keinen Hut mit. Was war bloß in mich gefahren, daß ich ohne Hut ausging? Und als ich mich umsah, waren keine Bäume mehr da. Nirgends etwas Schatten. Mir war, als würde ich ohnmächtig. Darum bin ich einfach hier hereingeplatzt, als ich die Tür offen sah... Wissen Sie, ich hab mich in den letzten Tagen nicht so recht wohl gefühlt. Ich weiß nicht, was es ist. Alles verlief einwandfrei, die Fahrt machte mir wie gewöhnlich Spaß, und dann fühlte ich mich plötzlich aus heiterem Himmel seit zwei, drei Tagen eigenartig. Nicht krank oder so, nein, einfach ›nicht so recht‹, nicht wie sonst... Und es passierten die seltsamsten Dinge. Es wurde so verwirrend, daß ich schließlich entschied, es hätte keinen Sinn mehr, die Reise fortzusetzen und es wäre besser, nach Hause zurückzukehren. Darum habe ich die Reise abgebrochen, als gestern das Schiff einlief... Es kam durch den Traum, den ich hatte!« Das kleine Stück von ihrem alten Ich hörte mit Erstaunen, wie sie so sprach.

Als sie anfing, von ihrem Traum zu erzählen, hob sich sein Kopf, seine Augen öffneten sich, und er begann, sie unter seinen gerunzelten Augenbrauen hervor ruhig zu mustern...

Es gab keinen Gedanken, keine Vorstellung und nicht einen geheimen Winkel in ihr, zu denen er nicht vorzudringen vermochte. Seinem wissenden Blick konnte sie entnehmen, daß er über alles im Bilde war – auch die Ereignisse der vergangenen drei Tage, die sie verschwieg oder übersah, Gefühle, die sie zu verschleiern suchte, Bedeutungen, die sie nicht verstand.

»... darum stand ich einfach mitten in der Nacht auf und begann zu packen«, sagte sie. »Wie eine Verrückte warf ich die Sachen in den Koffer. Und am Morgen sagte ich meinen beiden Freundinnen, mit denen ich reiste, daß ich fortwollte. Die eine war wütend, aber ich konnte einfach nicht anders. Es ließ sich nicht erklären, was in mich gefahren war. Ich wußte nur, daß ich nach Hause wollte... Ich war mir ganz sicher, gestern einen Flug zu bekommen, aber – sagte ich es schon? – ich war zu spät dran und habe ihn verpaßt...«

Langsam erhob er sich, eine winzige Gestalt in abgerissenem Hemd und zerschlissener, schwarzer Hose, sein Blick hatte die Schärfe eines Juwelierokulars oder eines Laserstrahls. So betrachtete er sie nochmals genauer, und nun fiel ihm ihr schlechtgekämmtes Haar, das verschwitzte und zerknitterte Kleid auf, er sah, daß sie sich wie ein verängstigtes Kind mit ausdruckslosen, tränenerfüllten Augen verstecken wollte. Er erkannte, was sie durchgemacht haben mußte, seit sie das Schiff verließ, und was ihr noch bevorstand, und in einem Ton voller Verständnis und Anteilnahme sagte er: »Warten Sie hier auf mich, oui. Ich bringe Ihnen eine Kleinigkeit. Sie dürfen noch nicht gehen.«

Mit erzwungener Leichtigkeit, die sowohl sein Alter als auch sein Gebrechen verleugnen sollte, durchquerte der Mann eilig den Raum und verschwand hinter der Theke. Die von ihm ausgebesserte Jacke hatte er neben das Tablett mit den Gläsern geworfen.

Man hörte ihn einige Zeit dort hinten herumkramen und offenbar gewichtige Gegenstände über den Fußboden schleifen. Als er sich aufrichtete, hielt er eine Machete in der Hand, und mit der langen, im Halblicht matt glänzenden Klinge begann er hinter der Theke auf irgend etwas einzuhacken.

Als er aufhörte, waren das Auslaufen von Flüssigkeit sowie andere, geheimnisvolle Geräusche zu vernehmen, und dann eilte er zum Tisch zurück, wobei er in seinen übergroßen Händen etwas trug, das aussah wie ein Glas voll trübem Wasser.

Wortlos, aber mit wissendem und mitfühlendem Blick reichte er Avey Johnson das Glas über den Tisch.

»Kokosmilch?« fragte sie, als sie nach dem ersten Schluck absetzte. Ihre Augen waren nun trocken, die Tränen hatten aufgehört zu fließen, aber noch immer fühlte sie sich benommen.

Er nickte. »Frisch aus der Nuß.«

»Und –?« fragte sie und runzelte leicht die Stirn.

»Ein Tröpfchen Rum, oui«, sagte er eilig. »Aber nicht aus den Flaschen hier«, verächtlich wies er auf das halbe Dutzend Flaschen weißen Rums in den Regalen gegenüber.

Rum mit Kokosmilch war ein Standardgetränk auf den Inseln. Sie hatte es anderswo schon viel stärker getrunken. Dennoch runzelte sie weiter die Stirn, als würde sie darin noch etwas schmecken, das sie nicht bestimmen konnte. Die Stirn glättete sich schon bald, als die erste Kostprobe lindernd ihre ausgedörrte Kehle hinunterrann und im Magen zu kreisen begann wie ein kühler, feuchter Feuerring. Begierig setzte sie das Glas wieder an.

Der Mann nahm seinen Platz wieder ein. Schweigend sah er zu, wie sie trank, nickte bei jedem Schluck geheimnisvoll und lächelte verstohlen. Sie umschloß das Glas mit beiden Händen, als fürchte sie, auch nur einen Tropfen zu verschütten.

Sie merkte weder das Lächeln des Mannes, noch daß ihre Hände krampfhaft das Glas festhielten. Sie verspürte nur die Wirkung, die das Getränk trotz seiner Milde auf sie ausübte. In Sekundenschnelle hatte sich diese Wirkung vom Magen her auf den ganzen Körper ausgebreitet, es durchströmte sie wie der kühle, dunkle Lufthauch, der ihr beim Betreten des Rumshops entgegengeweht war. Der Strom ergoß sich in das ausgedörrte Bett ihrer Adern. Noch ehe sie das halbe Glas ausgetrunken hatte, erreichte der Strom ihre betäubten Nerven, reizte und besänftigte sie zugleich; sogar der Nebel, der ihren Sinn verhüllt hatte, lichtete sich wieder.

Coladas gehören, auch im Schumann's, in den letzten Jahren zu den am meisten verlangten Mixed Drinks, allen voran natürlich der bekannte ›Piña Colada‹. Daher nehmen sie in diesem Buch, erstmals in einem Bar-Buch, auch eine besondere Stellung ein.

Grundbestandteile der Coladas sind Rum, Ananassaft und Kokosnußcreme. Aber auch mit anderen Säften und durch Hinzufügen verschiedener Sirups oder Liköre lassen sich völlig neue, interessante Mischungen kreieren. Variationen etwa mit Galliano (Vanillelikör) oder Tia Maria, mit Cognac, dem brasilianischen Zuckerrohrschnaps Pitú oder dem mexicanischen Kaffeelikör Kahlúa ergeben ausgesprochen reizvolle Drinks.

Eigentliche *coconut cream* entsteht nach der ersten Pressung des Kokosnußfleisches und hat einen Fettgehalt von etwa 35 Prozent. *Coconut milk* nennt man eine Mischung aus dieser *cream* mit dem Produkt aus der zweiten Pressung des Nußfleisches, mit warmem Wasser vermischt. *Coconut milk* hat 10 bis 20 Prozent Fettgehalt. Was im Handel als Kokosnußcreme bezeichnet wird, ist eher der *coconut milk* ähnlich.

PIÑA COLADA (ORIG. VERS.)

1 Barschaufel gestoßenes Eis

2 cl süße Sahne

2 cl Kokosnußcreme

6 cl Ananassaft

6 cl weißer Rum

Zubereiten im Shaker oder im Elektromixer. Servieren im Longdrink-Glas. (Ich nehme anstelle von weißem oft auch braunen Rum oder weißen und braunen Rum zu gleichen Teilen und 2 cl Sahne.)

FLYING CANGAROO *1979

1 Barschaufel gestoßenes Eis

1 cl süße Sahne

2 cl Kokosnußcreme

4 cl Ananassaft

2 cl Orangensaft

1 cl Galliano (Vanille-Likör)

3 cl Wodka

3 cl weißer Rum

Zubereiten wie Piña Colada. Servieren im Longdrink-Glas.

SWIMMING POOL *1979

1 Barschaufel gestoßenes Eis

1 cl süße Sahne

2 cl Kokosnußcreme

6 cl Ananassaft

1 cl Curaçao blue

2 cl Wodka

4 cl weißer Rum

Zubereiten wie Piña Colada. Curaçao blue darüberfließen lassen.

CHOCO COLADA *1982

1 Barschaufel gestoßenes Eis

4-6 cl süße Sahne oder Milch

2 cl Kokosnußcreme

2 cl Schokoladensirup

1 cl Tia Maria oder Kahlúa

4 cl weißer Rum

1 cl brauner Rum

Schokoladenraspel

Zubereiten wie Piña Colada. Schokoladenraspel darüberstreuen.

GOLDEN COLADA *1983

1 Barschaufel gestoßenes Eis

1 cl süße Sahne

2 cl Kokosnußcreme

2 cl Ananassaft

4 cl Orangensaft

1 cl Galliano

2 cl weißer Rum

4 cl brauner Rum

Zubereiten wie Piña Colada.

FRENCH COLADA *1982

1 Barschaufel gestoßenes Eis

2 cl süße Sahne

2 cl Kokosnußcreme

4 cl Ananassaft

1 cl Sirup de Cassis

2 cl Cognac

4 cl weißer Rum

Zubereiten wie Piña Colada.

ITALIAN COLADA *1986

1 Barschaufel gestoßenes Eis

2 cl süße Sahne

1 cl Kokosnußcreme

6 cl Ananassaft

1 cl Amaretto

4 cl weißer Rum

Zubereiten wie Piña Colada.

COLADA BRAZIL *1986

1 Barschaufel gestoßenes Eis

2 cl süße Sahne

2 cl Kokosnußcreme

6 cl Ananassaft

2 cl weißer Rum

4 cl Pitú

Zubereiten wie Piña Colada

MEXICAN COLADA *1986

1 Barschaufel gestoßenes Eis

2 cl süße Sahne

1 cl Kokosnußcreme

6 cl Ananassaft

1 cl Kahlúa

4 cl Tequila oder Mezcal

Zubereiten wie Piña Colada.

PINKY COLADA

1 Barschaufel gestoßenes Eis

4 cl süße Sahne oder Milch

2 cl Kokosnußcreme

2 cl Grenadine

2 cl Ananassaft

6 cl weißer Rum

Zubereiten wie Piña Colada.

ZICO *1986

1 Barschaufel gestoßenes Eis

Saft 1/4 Limette

2 cl Kokosnußcreme

6 cl Papayasaft

3 cl weißer Rum

3 cl Cachaça (Pitú)

Zubereiten wie Piña Colada.

BELLEVUE *1986

1 Barschaufel gestoßenes Eis

2 cl Kokosnußcreme

1 cl Limettensirup

6 cl Ananassaft

2 cl Cointreau

4 cl weißer Rum

Zubereiten wie Piña Colada.

Das Messer des Fischers blitzte in der Nachmittagssonne, als er zwei fette Meeräschen putzte und ausnahm. Er arbeitete schnell und fetzte die Eingeweide einfach in die Luft, wo sie von den über ihm kreisenden Seevögeln aufgeschnappt wurden.

»Ivan, komm mal her«, sagte Maas Burt.

»Ja, Sir?«

Der Mann schaute ihn nachdenklich an. »So... du bist also Miss Mandos Enkel? Ich möchte, daß du ihr diese beiden Fische mitbringst. Sag ihr, Maas Burt schickt sie, mit den untertänigsten Grüßen.«

»Vielen Dank, Sir.« Ivan nahm die Fische.

»Dudus, du bringst die Sprotten ins Café. Sag Miss Ida, ich werd später noch mal vorbeischauen.«

Der Fischer nahm den großen Korb, der für den Markt gedacht war, und hievte ihn sich grunzend auf den Kopf. Die beiden Jungen schauten ihm nach, als er den Strand entlangmarschierte und dabei den schweren Korb ruhig und ohne zu schwanken über seinem aufrechten Rücken und seinen starken schwarzen, in der Sonne glänzenden Schultern balancierte. Aus seiner Pfeife dampften kleine Rauchwölkchen und über ihm schrien und schnarrten ein paar vereinzelte Möwen. Sie zogen ihre Kreise und stießen aufgeregt nach unten, trauten sich aber nicht, auch nur einen einzigen Fisch zu stehlen.

»Hast du Lust mitzukommen, Ivan?« fragte Dudus.

»Wohin gehst du denn?«

»Zum Café. Hast du nicht gehört, was Pa gesagt hat?«

Ivan zögerte. Er hätte das warme, magische Glühen des Nachmittags gern noch ein wenig länger ausgekostet, aber er wußte auch, daß es einige Zeit dauern würde, bis er den Hügel zu seinem Haus erklommen hätte, und er hatte nicht die Absicht, sich von der Nacht überraschen zu lassen.

»Ich wette, du bist noch nie in 'nem Café gewesen, was? Komm schon Mann, Miss Ida hat sogar eine Musikbox!«

Dudus schien irgendwie überlegen und geheimnisvoll, als sie nebeneinander den Strand entlanggingen, erst noch ziemlich langsam, während er ihm erklärte, wie Miss Ida aus der Stadt hierhergekommen war und das erste Café in der Gegend eröffnet hatte. Einige Leute gingen abends dorthin, um Rum und Bier zu trinken und zum Calypso und anderer Musik aus der Musikbox zu tanzen. Dudus' Augen in seinem sommersprossigen Gesicht strahlten vor Eifer. »Manche von den ollen Betschwestern in Blue Bay, zum Beispiel das Fräulein von der Post oder die Frau vom Lehrer und so, die mögen Miss Ida nicht.« Hierbei wurden seine Augen ganz groß und die Stimme leiser, gleichzeitig aber auch eindringlicher. »Es heißt, sie ist 'ne Lebedame.« Er schaute Ivan an und nickte heftig mit dem Kopf.

»Oh«, meinte Ivan und merkte im gleichen Augenblick, wie dumm seine Antwort klang, »ist doch ganz in Ordnung.«

»Ja«, sagte Dudus. »Genau das sagt mein Vater auch.«

Dann verfielen sie wieder in ihre übliche Gangart – sie rannten los, kreischten aus vollem Hals, ließen Steine über die Brandung hüpfen und bewarfen sich gegenseitig mit Sand. Aber Ivan mußte ständig an das Café denken. Rum trinken und Stadtmusik anhören, was? Die Vorstellung schien mindestens so faszinierend wie ungreifbar und war mit Sicherheit verboten ...

Sicher war Miss Idas *Rough Rider Café* nicht das, was er erwartet hatte, aber was hatte er denn eigentlich erwartet? Dudus' Erklärungen hatten nicht allzuviel verraten. Das Café lag am Strand, umgeben von Kokospalmen, deren Stämme bis zu einer Höhe von etwa drei Metern weiß gekalkt waren. Es erschien ihm wie ein riesiges Gebäude. Mit seinen niedrigen Betonwänden und den Pfeilern, auf denen ein Strohdach ruhte, war es der frischen Meeresbrise fast ungeschützt ausgesetzt. Von weitem wirkten die Wände bunt und beim Näherkommen erkannte Ivan, daß Menschen darauf abgebildet waren: Frauen in langen, grellbunten Abendkleidern tanzten mit Männern, deren Hemden genauso schillernd von der weißen Wand abstachen. Es waren Menschen, wie er sie nie zuvor gesehen hatte: sie waren zwar alle schwarz, aber die Frauen hatten dunkelrot geschminkte Lippen und Wangen und die Männer trugen grüne oder gelbe oder blaue Schuhe. Als sie noch näher herankamen, sah Ivan, daß die Figuren allesamt lachten, obwohl die diversen Stellungen, in denen sie wie erstarrt posierten, ihm eher schwierig und schmerzhaft, wenn nicht ganz und gar unmöglich vorkamen ...

Er beschloß, so zu tun, als ob er seit Jahr und Tag nichts anderes gewohnt wäre, als in Cafés ein- und auszugehen. Lässig betrat er den kühlen, halbdunklen Raum mit dem glatten Zementboden, der dick mit roter Farbe bekleistert war. Nach dem warmen Sand fühlte sich der Boden kalt und glatt unter den Füßen an; er mußte sich mächtig zusammenreißen, um nicht kurz mal über die seltsame Oberfläche zu schlittern. Das Café hatte Strom und war mit einer Reihe bunter Birnen geschmückt, die quer unter der Decke hingen. Auf beiden Seiten standen Tische mit Stühlen, die so aus Holzfässern herausgeschnitten waren, daß nur die Rückenlehne und der Sitz übrigblieben. Ein dumpfer, süßlicher Geruch, der Ivan entfernt an Schnapsläden erinnerte, lag in der Luft. Am äußeren Ende saß eine Gruppe Männer um einen Tisch, spielte Dame und trank Rum.

»Was wollt ihr denn hier, Jungs? Ach du bist's, Dudus.« Die Stimme gehörte zu einer Person, die jetzt lässig hinter der Bar hervorkam und ihre Hände an einem Handtuch abwischte. »Und was hast du mir mitgebracht, Kleiner?«

»Mein Vater schickt 'n paar Fische, Miss Ida.«

Noch ehe Dudus den Mund aufmachte, wußte Ivan, daß das nur Miss Ida sein konnte. Sie war eine Frau, so wie seine Großmutter und deren Freundinnen auch, aber damit war die Ähnlichkeit auch schon erschöpft. Er starrte sie an. Sie hatte rote Lippen, und wenn sie lachte, so wie jetzt, dann blitzte es golden aus ihrem Mund. Dichtes schwarzes Haar fiel ihr über die bloßen Schultern. Und was für prächtige Schultern sie hatte – breit, glatt und schwarz! Weiter unten wölbten sich unter einer engen roten Bluse zwei runde pralle Kugeln, die gegen den Stoff drängten und in ziemlicher Entfernung vom Rest des Körpers in zwei perfekten Spitzen endeten. Wenn sie ging, wiegte sie sich in den Hüften, die dramatisch unter einer eng geschnürten Taille hervorsprangen. Ein majestätischer Rhythmus prägte ihren Gang, als ob sie alle Aufmerksamkeit auf sich ziehen wollte. Und tatsächlich wurde das Damespiel auch kurz unterbrochen, als sie hinter der Bar hervorkam. »Jessas, Maria und Josef«, stieß einer der Männer bewundernd hervor, so laut, daß jeder es hören konnte. »Das Weibsbild hat 'nen Gang wie 'ne Göttin, was Männer?«

In Anbetung versunken schüttelte er langsam den Kopf.

»Wieso hat er dich geschickt?« fragte sie Dudus. »Konnte er denn nicht selber kommen?« Sie untermalte ihre Worte mit einem leisen, melodischen Lachen und warf dabei den Kopf nach hinten.

»Er sagt, er kommt später noch mal vorbei, Madam«, erklärte Dudus.

»Und wer ist das?« Sie nickte in Ivans Richtung. »Ich glaub nicht, daß ich den kleinen Mann schon mal hier gesehen habe, oder?« Ivan konnte den Blick nicht von ihr abwenden, aber er brachte kein Wort raus.

»Das ist mein Freund, Madam«, fing Dudus an, aber da schnitt Ivan ihm kurzerhand das Wort ab.

»Ich heiße Ivan, Madam. Aber man nennt mich Rhygin.«

»Mein Gott«, kreischte Miss Ida. »Rhygin – ich lach mich tot.« Ihr Lachen kam tief von innen heraus, es klang lustig und leicht und erfüllte jeden Winkel des Raums.

»Der kann ja noch nicht mal richtig geradeaus pissen«, meinte einer der anderen Männer. »Und der will ein Rhygin[5] sein!«

»Oh, Gott, oh, Gott, hör auf«, flehte sie. »Ich halt's nicht aus. Was hast du noch gesagt, wie man dich nennt?«

»Rhygin«, meinte Ivan dickköpfig.

»Aha, dann bist du wohl auch so wild wie ein Rhygin?« Ihre Stimme klang leise und nachdenklich, aber auch ein wenig spöttisch, so als müsse sie diese Neuigkeit erst verdauen. »Hmm, na ja, ich will dir mal glauben, Kleiner. Wenn du ein bißchen größer wärst, würd ich gern selbst mal testen, wie wild du bist. Hi hi hii. Und das muß mir passieren, ist ja nicht zu fassen!« Und wieder brach sie in stürmisches Gelächter aus. »Kommt her, ihr beiden.« In ihrer sinnlichen, hüfteschwenkenden Art stelzte sie hinüber zu einem Glaskasten auf der Theke. »Ich weiß nicht, wann ich das letzte Mal so gelacht habe. Komm her, Maas Rhygin, und du auch, Dudus. Muß euch wohl was geben, oder? Na los, entscheidet euch«, forderte sie sie auf, »was wollt ihr haben? Fisch? Schweineschwarte? Bullah, Kokosbonbons, Toto?« Beim Reden zeigte sie auf die Naschereien in dem Kasten: kleine, knusprig geröstete Fische mit Kopf und viel Pfeffer; ein Stück Schwein, sogenanntes Jerkporc, gut gewürzt, das tagelang über grünem Feuerholz schwarz geräuchert worden war; süße Kuchen, Toto oder Bullah genannt, und Bonbons aus Kokosnuß. »Nun sagt schon, was wollt ihr? Na, Rhygin?« Schon beim Aussprechen des Namens mußte sie kichern. Schließlich enthob sie die beiden der Qual der Wahl, indem sie kurzerhand von allem, was es in dem Glaskasten gab, eine Kostprobe auf einen Blechteller legte.

Sie setzten sich an einen Tisch und aßen, wobei sie den kleiner werdenden Haufen auf dem Teller im Auge behielten und sich gegenseitig eifersüchtig beobachteten. Ivan versuchte, sich zwischen einem großen, verlockenden Fischkopf und einem nicht weniger anziehenden zusammengeklebten Klumpen von Bonbons zu entscheiden. Wenn Dudus den Kuchen nahm, könnte er den Fisch haben, aber wie kam er an die Bonbons ran...

»He, Moment mal, wie konnte ich das bloß vergessen?« Miss Idas Stimme schnitt all seine Berechnungen ab. »Zwei gestandene Männer wie ihr könnt doch wohl nicht ohne Musik essen, was? Meine Güte!«

Sie hantierte an einem kleinen schwarzen Kasten hinter der Theke, während sie sich selber für ihre Vergeßlichkeit schalt, was die Damespieler nicht wenig amüsierte. »Meine Güte! Wie konnte ich das nur vergessen? Missa Rhygin, nehmen Sie es mir nicht übel, hören Sie, Sir. Das Alter, es ist schrecklich, schlimmer als Obeah[6]. Meine Herren – Ihre Musik!«

Und das Café füllte sich mit Klängen. Für Ivan allerdings füllte es sich mit Miss Ida. Um sie herum pulsierten und wirbelten die berauschenden, erotisch hämmernden Rhythmen. Die große Frau war erstaunlich leichtfüßig und die fleischige Fülle ihrer Brüste und Hüften schien ihn ganz und gar einzuhüllen. Sie war wie verwandelt, den Frauen auf Miss Mandos Pocomania-Treffen[7] gar nicht mehr so unähnlich. Allerdings waren der verträumte Ausdruck auf ihrem Gesicht und das Lächeln auf den geschminkten Lippen nicht gerade spirituell, genausowenig wie das schwere, süße Parfüm. Ivans Sinne reagierten auf eine nie gekannte Weise. Das war Stadtmusik, Cafémusik, Musik der Lust, des fleischlichen Vergnügens. Und Miss Ida war die Inkarnation all dessen. Sie bewegte sich völlig mühelos zur Musik, nahm die blechernen Variationen der Posaune zwar schon mal vorweg, kehrte aber immer wieder zu dem schweren rhythmischen Trommelschlag zurück, der das stoßende und wiegende Kreisen dieser massigen Hüften zu bestimmen und zu verstärken schien . . .

Noch ein letztes herausforderndes Schlingern der Hüften und Miss Idas Tanz war zu Ende. Im Café herrschte Stille, Totenstille, so als wäre hier soeben eine elementare Kraft hindurchgefegt und dann plötzlich und unvermittelt wieder verschwunden.

»Das gefällt dir, was Missa Rhygin?«

Ivan nickte stumm, er war sprachlos.

»Komm mal wieder, wenn du ein bißchen größer bist, dann werden wir sehen, wie du tanzt. Du wirst bestimmt ein prima Tänzer, wart's nur ab! Haha!« . . .

Ivan wird nicht Tänzer, sondern Sänger: Als Jugendlicher verläßt er sein Heimatdorf, schlägt sich durch die Ghettos von Jamaicas Hauptstadt Kingston, singt sich durch Buden und Bars, bekommt eine Chance als Plattenstar, wird betrogen – und verliert sich enttäuscht und zornig in der Szene um Rauschgift und Kriminalität. Michael Thelwells Geschichte von der ›dub version‹ (Kehrseite) Jamaicas endet schließlich mit der Rückkehr Ivans in das Heimatdorf an der ›Blue Bay‹:

Er konnte seine Erregung kaum noch meistern und fuhr gefährlich schnell. Am liebsten hätte er ins Tal hineingerufen und das Echo zurückschallen hören: »Rhygin kommt nach Hause, verdammt! Der Junge kommt nach Hause, Himmelarschundzwirn!« Das Sonnenlicht auf den saftigen Blättern blendete ihn fast. Wie in einem Rausch sah er das Laub erzittern in unermeßlichen bunten Schattierungen von Grün, Blau und sogar Purpur. Es machte ihn trunken, und es erfüllte ihn mit neuer Energie. Er hatte Geld in der Tasche und fuhr ein nagelneues Motorrad. Hinter sich im Sack die Geschenke und die neueste Mode am Körper. Er war tatsächlich ein Schallplattenstar, auch wenn er vergessen hatte, den Beweis einzupacken. In seinem Kopf sah er bereits alles deutlich vor sich. Maas Naties Haus, das Café. Vielleicht arbeitete Dudus inzwischen schon auf dem Boot seines Vaters und sie konnten zusammen zum Riff hinausfahren. Junge, der ganze Bezirk würde über seine Rückkehr reden. Vielleicht konnte er ein paar Tage bleiben, vielleicht noch einmal den großen Fluß zwischen den stillen grünen Bergen hinunterfahren.

Halt, das ist ja schon Blue Bay da hinten um die Ecke? Kann doch nicht sein! Wie konnt ich denn die Abzweigung verpassen? Ist nicht möglich, Mann. Aber das ist es, das ist Blue Bay. Also dann muß jetzt der Strand mit den Fischerbooten kommen. Was soll denn die Mauer da und die großen Dächer? Nee, hier muß doch der Fischerstrand sein. Ist vielleicht doch nicht Blue Bay? Ich bin noch gar nicht da, ist ein ganz anderer Ort, ich kann mich doch nicht so irren. Da ist ein Tor... was steht da?

PRIVATBESITZ
SUNSET COVE APARTMENTS
Betteln und Hausieren verboten

Das Tor war verschlossen, aber er erkannte einen weißen Kiesweg, gemähte Rasenflächen und weißgekalkte Villen hinter blühenden Hecken. Seine Verwirrung war komplett, nichts von alledem paßte zu seiner Erinnerung. Das war doch der Strand von den Fischern gewesen. Scheiße, wieso auf einmal Privatbesitz? Er war wütend und ängstlich zugleich und immer noch nicht ganz sicher, daß er überhaupt im richtigen Ort war. Er fuhr langsam weiter, schaute sich um und versuchte, irgendwas wiederzuerkennen und seine umherschwirrenden Gedanken zu sammeln. Er fühlte sich wie betäubt. Okay, erst mal würde er zum Café gehen. Das war gleich hinter der nächsten Ecke. Er konnte sogar schon die Stämme der Kokospalmen sehen. Na klar, und da würde er auch Leute treffen, die er kannte. Die würden ihm schon erklären, was das alles zu bedeuten hatte. Er gab Gas und brauste um die Ecke.

Ja, das kleine Café stand noch immer zwischen den hohen Stämmen auf der schmalen Landzunge. Aber verdammt ... was war denn mit den Palmen passiert? Und mit dem Strand? Scheiße! Als ob eine riesige Machete vom Himmel gefallen und die Spitzen der Bäume abgesäbelt hatte. Es standen nur noch die schlanken Stämme wie unnütze, spottende Wachtposten. Das Café selbst schien unverändert, nur war der Sandboden jetzt von Steinplatten bedeckt und von einer niedrigen Steinmauer umschlossen. Dort lagen ein paar Weiße in Liegestühlen. Sie hatten große Gläser neben ihren Ellenbogen stehen, trugen Badezeug und färbten sich in der Sonne allmählich rot. Er saß mit offenem Mund da und starrte verständnislos auf diesen Anblick.

Im Erscheinungsjahr dieses Buches wurde eine Bar hundert Jahre alt, über die ich nach meinem letzten Besuch notierte: »In den Genuß erotischer europäischer Edelfäule gerät der Reisende, der sich nachmittags in die *Writers Bar* des Raffles Hotel in Singapore begibt. In diesem legendärsten Hotel des Fernen Ostens spielten viele jener prickelnden Ostasien-Stories von Somerset Maugham und Rudyard Kipling, die europäischen Bildungsbürgerinnen in ihrer Jugend nachts den Schlaf raubten. Jetzt, wo diese Damen in die Jahre und zu eigenem (meist ererbtem) Geld gekommen sind, besuchen sie mit hochroten Wangen die Stätte ihrer pubertären Phantasien.

Es reicht, wie ein europäischer Schriftsteller auszusehen, um sich im Mittelpunkt ihres klar definierten Interesses zu finden. Die Kellner, die unter den langsam flapsenden Deckenventilatoren die berühmte Kreation des Hauses, den *Gin Sling*, servieren, sagen zu dem weißen Gast noch immer wie in den alten Geschichten: »For you, boss«. Da kommen sich die Ladies vor wie im Dschungel und warten zwischen gebildeten Unterhaltungen klammheimlich auf eine handfeste Vergewaltigung ...«

Der etwas überpointierte erotische Aspekt in meinen Notizen über diese Bar kommt daher, daß ich die Zeit, in der ich nicht in Bars sitze, damit verbringe, ein Männer-Magazin herauszugeben. Und dort erwarten die Leser so etwas – vor allem, wenn es den wahren Zuständen entspricht, die ein jeder selbst nachprüfen kann.

Es waren die Frauen, die den *Singapore Gin Sling* überhaupt erst ermöglicht haben. Es war dies der einsam gebliebene Versuch, einen tropischen Mixdrink nicht auf Rumbasis herzustellen. Bei ihren Entdeckungsfahrten in die neuen Welten nahmen die britischen Seefahrer das Getränk mit, das sie von zu Hause kannten: Gin. In der Karibik entdeckten sie dann den einheimischen Zuckerrohr-Schnaps: Rum. Und schnell wurde für mehr als zwei Jahrhunderte der Rum zum flüssigen Grundnahrungsmittel der britischen Kriegs- und Handelsmarine, nicht nur im Tropengürtel rund um die Erde, sondern auch bei den rauhen Fahrten im stürmischen Nordatlantik.

Nur auf der geographischen Rückseite der Karibik, im Indischen Ozean, hielt man lange am Gin fest. Um ihn etwas süffiger zu machen, erfand man in Singapore den Original *Gin Sling.*

Der war in seiner Urversion noch eine absolut männliche Sache: Sechs cl Gin (43%), ein Teelöffel Grenadine, der Saft einer Zitrone, ein Spritzer Wasser – alles gut über Eis geschüttelt.

Als der *Gin Sling* bekannt wurde, war Singapore für die meisten irgendein Nest in einem Sumpfloch am Äquator.

Erst der Drink, von Matrosen weltweit verbreitet, weckte Interesse am Ursprungsort:

Das Hotel Raffles wurde 1886 als erweitertes Gästehaus des britischen Kolonialoffiziers Captain Dare eröffnet, dessen Freundesschar die Übernachtungsmöglichkeiten im privaten Bungalow sprengte. Daß die Bar des neuen Hotels bald *Writers Bar* hieß, lag daran, daß Englands angesehendste Autoren, erst Joseph Conrad, dann Rudyard Kipling, später Somerset Maugham und Noël Coward, dort mit Vorliebe ihre Geschichten erdachten, zum Teil dort selbst erlebten und viele davon im Hotel schrieben. Das Milieu war für Schriftsteller einmalig: Zuerst der Name der Stadt – ein reines Mißverständnis. Als Prinz Sang Nila Utama, von Sumatra kommend, im 13. Jahrhundert den Boden der Insel betrat, traf er dort auf ein wildes exotisches Tier, das er für einen Löwen hielt. So nannte er die Insel *Singa Pura*, was in seiner Sprache so viel wie Löwenstadt hieß.

Aber der Löwe war ein Tiger.

Erst 1819 machte das Nest im Sumpfloch am Äquator Karriere, als es Sir Thomas Stamford Raffles für die britische Krone annektierte. Seine Herrschaft dort dauerte nur neun Monate, aber in diesen neun Monaten entwarf er Singapore zu dem Gebilde, das es noch heute ist: ein gigantischer Freihafen, der zentrale Warenumschlagplatz Südostasiens, die einzige Weltstadt direkt am Äquator.

Mit und nach ihm kam das Rohmaterial der Schriftsteller: abenteuerliche Existenzen. Die britische Krone wollte nur die Elite in den Stützpfeilern des Empire, die britische Armee schickte nur die Offiziere hin, die sie zu Hause loswerden wollte – aufmüpfige, unruhige Geister. Um den harten Kern der reichen Handelsherren scharten sich die Gauner, Betrüger, Fälscher und Berufskiller des Milieus. Opiumhändler verbündeten sich mit Seeräubern, höhere Töchter der Kolonialherrscher erlagen in 40 Grad heißen Nächten dem erotischen Druck gertenschlanker brauner Inselsöhne, während es die Bosse mit dem eingeborenen Personal trieben.

Captain Dare verkaufte das Raffles an zwei armenische Hoteliers, die ihren Prachtbau zur Schicksalsschleuder für alle machten, die sich dort begegneten. Und dann dazwischen die gefeierten Chronisten des Empire: Conrad, Kipling, Maugham, Coward – die Gesichter ihrer Romanhelden trugen die Züge derer, die in der *Writers Bar* ihre Drinks schlürften, und die Geschichten dieser Helden waren die Geschichten dieser Trinker.

Ab 1915 begannen sich diese Trinker zu schütteln, wenn neben ihnen der Drink serviert wurde, der jetzt offiziell *Singapore Gin Sling* hieß. Der Barkeeper der *Writers Bar* zu jener Zeit, Ngiang Tong Boon, hatte klar erkannt, was viele Barkeeper nach ihm noch erkennen sollten: Wenn erst einmal Damen in eine Bar kommen, dann folgen auch automatisch mehr Männer. Also brauchte man ein Getränk, das so fruchtig war, daß es die Damen mochten und andererseits noch so feurig, daß es ein wenig Frivolität provozierte.

Tong Boon erfand die für Männer absolut teuflische Mischung: gleiche Teile Gin und Kirschlikör, sowie einige Spritzer Benedictine und Cointreau, Ananassaft und Lime Juice, angebittert mit ein wenig Angostura.

Von diesem Moment an begannen die Männer in der *Writers Bar* endlich auch das zu trinken, was ihre Landsleute auf der anderen Hälfte der Erdkugel längst in den Tropen tranken: Rum. Die Profis unter ihnen befolgten den alten Grundsatz »Nie mehr als zwei Sorten Alkohol in einem Drink« besonders puristisch: Sie mixten ihren Rum mit Rum – halb weiß, halb dunkel.

Auch in der *Writers Bar* des Raffles wird heute mehr Rum als *Singapore Gin Sling* getrunken – obwohl die Hotelleitung alles tut, um an der Legende der Schöpfung ihres verehrten Barkeepers Tong Boon zu stricken. Journalisten und Schriftsteller bekommen – ungefragt – 20 Prozent Rabatt im Raffles, denn, so das Management: »Große Bars haben nur dann Bestand, wenn sie sich mit der Literatur verbünden.« Richtig.

Nur: seriöse Literaten sagen, was ist. Die *Writers Bar* bleibt ein Wallfahrtsort für alle kultiviert trinkenden Männer dieser Welt – aber der *Singapore Gin Sling* gehört nicht zu den Getränken, die sie bestellen.

Durch das immer größer werdende Angebot tropischer Säfte und Sirups ergeben sich auch immer interessantere Möglichkeiten, nicht-alkoholische ›Tropical Drinks‹ zu mixen. Als Tropensäfte kommen dafür vor allem Maracuja-, Mango- und Papayasaft in Frage, aber natürlich auch Orangen-, Grapefruit- oder Ananassaft. Tropische Sirups gibt es aus Limetten, Mango, Kokosnuß, Minze, Ananas, Bananen sowie Grenadine. Tropische Säfte und Sirups in großer Vielzahl bietet die Münchner Firma Riemerschmid an.

Variationen über die zusammengestellten Rezeptvorschläge hinaus sind natürlich denkbar. Zu beachten ist aber, daß tropische Sirups sehr stark gesüßt sind und mehr davon als einige Tropfen die Drinks zu stark geschmacklich beeinflussen. Bei den Säften hat der Maracuja den stärksten Eigengeschmack, er läßt andere Säfte neben sich kaum zur Geltung kommen. Mango- und Papayasaft dagegen sind zart und weniger aromatisch, sie vertragen die Mischung mit anderen Säften sehr gut – und auch die mit Milch.

COCONUT LIPS *1982

1 Barschaufel gestoßenes Eis

4 cl Sahne oder Milch

2 cl Kokosnußcreme

2 cl Himbeersirup

6 cl Ananassaft

Zubereiten im Shaker auf gestoßenem Eis. Abgießen in Longdrink-Glas; mit gestoßenem Eis auffüllen. Ananasstück und Cocktailkirsche dazugeben.

COCONUT BANANA *1982

1 Barschaufel gestoßenes Eis

2 cl süße Sahne

6-8 cl Milch

2 cl Kokosnußcreme

2 cl Bananensirup

Zubereiten wie Coconut Lips.

Coco Choco *1982

1 Barschaufel gestoßenes Eis

10 cl Milch

2 cl süße Sahne

3 cl Kokosnußcreme

2 cl Schokoladensirup

Zubereiten wie Coconut Lips.
Mit Schokoladenraspel bestreuen.

Maradona *1986

1 Barschaufel gestoßenes Eis

4 cl Milch

10 cl Maracujasaft

2 cl Maracujasirup

Zubereiten wie Coconut Lips.

Coconut Kiss *II 1986

1 Barschaufel gestoßenes Eis

3 cl süße Sahne

3 cl Kokosnußcreme

6 cl Ananassaft

2 cl Grenadine

Zubereiten wie Coconut Lips.

Arthur & Marvin Special *1985/1986

1 Barschaufel gestoßenes Eis

10 cl Milch

1 cl Limettensirup

2 cl Mangosirup

1 cl Grenadine

Zubereiten wie Coconut Lips.

BABY LOVE *1986

1 Barschaufel gestoßenes Eis

6 cl Kokosnußmilch

6 cl Ananassaft

2 cl Bananensirup

Zubereiten wie Coconut Lips.

LONG DISTANCE RUNNER *1986

1 Barschaufel gestoßenes Eis

2 Scheiben Ananas

Saft ½ Limette

6 cl Ananassaft

2 cl Maracujasirup

Zubereiten im Elektromixer auf gestoßenem Eis. In Longdrink-Glas abgießen, mit gestoßenem Eis auffüllen.

PELIKAN *1986

1 Barschaufel gestoßenes Eis

10 cl Grapefruitsaft

2 cl Limettensirup

1 cl Grenadine

Zubereiten wie Coconut Lips.

BORIS GOOD NIGHT CUP *1986

1 Barschaufel gestoßenes Eis

1 Banane püriert

2 cl Sahne

4 cl Ananassaft

4 cl Papayasaft

Zubereiten wie Long Distance Runner.

Maracuja
Limette
Banane
Sirup aus dem
Saft der tropischen
Banane
GRENA-
DINE

Als unverzichtbares Mixed-Drink-Additiv hat sich der GRENADINE-Sirup durchgesetzt – nicht nur wegen seiner Süße und seines Geschmacks, sondern vor allem wegen seiner intensiv roten Farbe. Grenadine ist mit Zucker aufgekochter Saft des Granatapfels (engl. *pomegranate*, frz. *pomme de Grenade*, span. *Granada*), heilige Frucht der alten Ägypter, heute in allen warmen Zonen wachsend und wegen seiner roten Blüten auch als Zierpflanze beliebt.

Granatäpfel haben eine harte, dicke Schale, die zunächst grün ist und sich bei der reifen Frucht über Gelb und Braunorange bis zu Tiefrot färbt, am ehemaligen Blütenansatz tragen sie eine Krone aus sechs harten Kelchzipfeln. Im Innern des Apfels drängen sich Hunderte von Kernen, mit geleeartigem, saftigem Mantel umgeben, äußerlich rotem Kaviar ähnlich. Um den Saft zu gewinnen, werden die Früchte zunächst geknetet, dann durchlöchert und ausgepreßt. Der Hauptlieferant des Granatapfels in Europa ist die spanische Provinz Granada, die einst nach dem Apfel benannt worden ist.

Eine Frucht, die in Europa kaum bekannt ist, in tropischen Bars aber Verwendung findet, ist die TAMARINDE – eine braune Hülsenfrucht, bis zu 20 Zentimeter lang und von einer matt-pelzigen, rostbraunen Schale umgeben. Darin liegen bis zu zehn Samenbohnen, die in ein würziges, säuerlich-süßes Fruchtmark eingebettet sind – Grundstoff für einen säuerlichen Sirup, aber auch für Marmelade, Chutney und vor allem für Worcester-Sauce.

Nach der Dattel ist die Tamarinde die zuckerhaltigste Frucht überhaupt. Sie wächst an immergrünen Bäumen, die bis zu 25 Meter hoch werden, in halbtrockenen Tropenzonen. Karibik-Bewohner kneten Tamarinden-Fruchtmark zusammen mit Kokosnußraspeln zu wohlschmeckenden Pralinen.

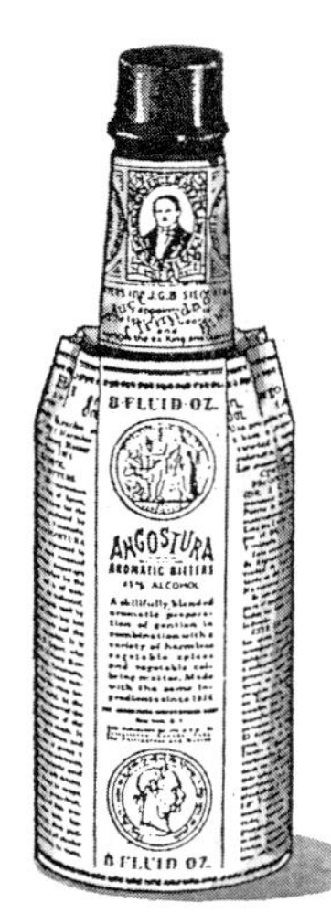

Zum Abrunden und zugleich als bekömmliche Beigabe ist der ANGOSTURA-Bitter in allen Bars unentbehrlich geworden; Manhattan, Old Fashioned, Champagner-Cocktail und Pink-Gin sind ohne ihn nicht denkbar. Der weltweit berühmte Bitter aus einer Vielzahl tropischer Kräuter und Gewürze mit einem Alkoholgehalt von 44 Prozent wurde 1824 von einem schlesischen ›Aussteiger‹ erfunden: Der Chirurg Johan G. B. Siegert hatte sich in Venezuela der Befreiungsarmee von Simon Bolivar angeschlossen und hatte später in der Stadt Angostura am Orinoco eine Klinik übernommen. Dort braute er seinen ersten ›Amaro Aromático‹ als Mittel gegen Verdauungs- und Magenbeschwerden. Siegerts Unternehmen ist nach einer wechselvollen Geschichte mit zeitweiligen Enteignungen und Wechseln des Firmen-Standorts bis heute im Familienbesitz geblieben. Angostura wird heute in Trinidad hergestellt.

Als Scharfmacher für manche Drinks gehört schließlich noch TABASCO-Sauce in jede Bar, nach einem hundert Jahre alten Rezept in England produzierte Essenz aus roten Pfefferschoten, Salz und Weinessig.

In karibischen Bars wird vielfach ein wenig geriebene MUSKATNUSS zum Abrunden von tropischen Trinks, etwa auch des ›Planter's Punch‹ verwendet. Die Muskatnuß ist keine echte Nuß, sondern der Kern einer aprikosenähnlichen Baumfrucht. Dieser ist von einem roten Gitternetz umgeben, der sogenannten Muskatblüte. Auch Muskatblüte dient, getrocknet und gemahlen, als Würzstoff.

Der größte Muskatnuß-Produzent der Welt ist der karibische Kleinstaat Grenada.

Die Drinks auf der Basis echten karibischen Rums schmecken nur so richtig unter Palmen. Alte Bekannte wie der ›Planter's Punch‹ oder der modische ›Piña Colada‹ sind dabei nur der Anfang der Geschichte, denn so richtig rund geht es erst beim ›Jump up and kiss me‹, beim ›Hurricane David‹, ›Harvey Wallbanger‹, ›Mustique Whammy‹ oder dem absoluten Killer ›Hurricane David‹.

Die Liste der schönsten Bars der Grenadines[8] ist kurz, aber erlesen. Vornan steht ›Basil's Bar‹ auf Mustique, auf Pfählen hinausgebaut in die Brandung an der Beach der kleinen Grenadine-Insel bei Bequia. Hausherr Basil, der nebenbei noch ein sehr gutes Restaurant (›The Raft Restaurant‹) und eine stark frequentierte Disco unter Palmenwedeldach und freiem Himmel betreibt, weiß ganz offenbar, was gute Cocktails sind.

Recht einfach ist noch der ›Mustique Sputnik‹, ein karibischer Verwandter des Hemingwayschen ›Gimlet‹ (Wodka, Eis, Limonenschale), oder der ›Jump up and kiss me‹, ebenfalls auf Wodka-Basis (Wodka, Soda, Grenadinesirup, Eis). Aufwendiger sind die Rum-Drinks wie zum Beispiel der ›Mustique Grin‹ (Rum und Crème de Menthe grün zu gleichen Teilen, Coconut-Cream, eine kleine Banane und Eis, im Cocktail-Mixer püriert). Etwas süß kann der ›Embassador‹ geraten (Apricot Brandy und Galliano – italienischer Likör – zu gleichen Teilen, Rum, auffüllen mit Ananassaft, abschmecken mit Zucker, im Mixer pürieren mit einer kleinen Banane).

Ohne Mixer kommt man beim ›Mustique Sunset‹ aus (Rum und Tía Maria zu gleichen Teilen, Limonensaft, Sirup und ein Eiweiß, mit zerhacktem Eis geshaked), ebenso beim erfrischenden ›Basil's Highball‹ (Rum, Gin und Cointreau zu gleichen Teilen, Limonensaft, Sirup, auffüllen mit Bier).

Erfrischend ist auch der ›Mustique Whammy‹ (Rum, Sekt, Orangen- und Limonensaft, ein Schuß Grenadinesirup), während der ›Hurricane David‹ eher für Kenner der Materie geeignet ist (Wodka, weißer und brauner Rum zu gleichen Teilen, ein Schuß Sirup und etwas Crème de Cacao). »Guaranteed to blow you down«, sagt Basil, und das ist in diesem Fall wörtlich zu nehmen. Wem es in dieser Bar an Barem mangelt, sei beruhigt: Basil akzeptiert Eurocard, American Express und Visa.

Das ›Frangipani‹ in der Admirality Bay von Bequia ist einer der ›In-Treffs‹ von Yachties und Weltumseglern und das gesellschaftliche Zentrum dieser Insel. Die Bar befindet sich denn auch direkt am Strand, unter großen, alten Palmen. Spitze im ›Frangipani‹ ist der ›Piña Colada‹ (weißer Rum, Kokosnußsirup oder, besser, Piña-Colada-Mix, Ananassaft, Eis, ein Spritzer Limonensaft).

Als Einstieg vor dem ›Piña Colada‹ empfiehlt sich die ›Coco Maria‹ (weißer Rum, Kokosnußsirup, Kaffee und gehacktes Eis, abgeschmeckt mit einem Spritzer Angostura). Auch sehr gut, obschon weniger exotisch, ist hier der ›Banana Daiquiri‹ (weißer Rum, Limonensaft, etwas Bananenlikör, etwas Zucker, mit Eis und einer Banane im Mixer püriert). Wer im ›Frangipani‹ Hungergefühle bekommt, ist übrigens ›donnerstags‹ gut dran; dann gibt es hier nämlich eines der besten Barbecues der Inseln.

Etwas weiter nördlich, in der Marigot Bay von St. Lucia[9], befindet sich das ›Doolittle's‹... Die Küche ist hier nicht schlecht – aber Spitze sind hier auch wieder die Cocktails. Als Einstieg besonders hervorzuheben ist die milde ›Black Banana‹ (Rum, Milch, Tía Maria und eine Banane, mit Eis im Mixer püriert). Eine etwas verfeinerte Variante des guten alten ›Planter's Punch‹ ist der ›Marigot Delight‹ (Rum, Galliano, Kokosmilch, Grenadinesirup, Orangensaft und viel Eis). Ein Erlebnis ist der ›Rusty Screw‹, der allerdings etwa so schmeckt, wie der Name sich anhört (Rum, Grand Marnier und Milch).

Wer vom vielen Rum die Nase voll hat, kann auf den ›Harvey Wallbanger‹ umsteigen (Wodka, Galliano und Orangensaft). Auch hier kann man mit Plastic Money bezahlen – akzeptiert werden American Express, Visa und Mastercard.

Zurück zu den Grenadines. Der schwere Holztresen unter dem Palmenwedeldach auf der Hotelinsel Petit St. Vincent gehört zu den ersten Adressen in diesem Teil der Karibik. Dort waltet Alton B. Collis seines Amtes als Barkeeper, und der hat nun wirklich was auf dem Kasten. Für heiße Nachmittage, an denen die Sonne unbarmherzig auf den Schädel brennt, empfiehlt sich der köstliche und erfrischende ›Fruit Punch‹ ohne Alkohol (Grenadinesirup, Ananassaft, Orangensaft, ein Schuß Piña-Colada-Mix, eine Banane, alles mit viel Eis im Mixer püriert). Wer lieber schon etwas für den Abend vorglühen möchte, kann es aber auch mit der ›Banana Cow‹ versuchen (milder brauner Rum, Piña-Colada-Mix und zwei kleine Bananen mit viel Eis im Mixer püriert, dazu ein Schuß Angostura und frische, geraspelte Muskatnuß obendrauf), Collis' Verfeinerung der ›Black Banana‹. Der absolute Killer aber, der über alle liebevoll zubereiteten und filmreif dekorierten Cocktails an dieser Bar weit herausragt, ist der ›Russian Satellite‹. Dieser Hammer ist so etwas wie Collis' Geheimwaffe, deren Rezept er nur widerstrebend herausrückte.

Hier ist es: Weißer Rum, Crème de Cacao, Crème de Menthe weiß und etwas Milch in einen Cocktailshaker füllen und mit viel Eis shaken. Das Ganze in ein großes Brandyglas füllen und einen kräftigen Schuß fünfundsiebzigprozentigen Rum vorsichtig auf der Oberfläche schwimmen lassen, zusammen mit geriebener Muskatnuß. Schon nach kurzer Zeit wird einem die Herkunft des Cocktail-Namens klar – man kann tatsächlich die (russischen?) Satelliten am Himmel kreisen sehen!

Carlton und Princess waren vom Hügel oben den ausgetretenen Pfad durchs braun-getrocknete Gras ins Dorf hinuntergegangen, vorbei an einigen Dutzend angepflockten Ziegen, deren Euter nur noch gefurchte, baumelnde Hautlappen waren. Nicht einmal kurze Tropenschauer hatte es gegeben in diesen Wochen, und jeder fürchtete, es könne so kommen wie im Jahr zuvor, als acht Monate lang kaum ein Tropfen vom Himmel gefallen war, bis fast alle Zisternen leer und viele der Ziegen einfach vertrocknet waren wie die *cashees*[10] und das Gras vorher.

Unten, auf dem mit geborstenen Betonplatten belegten Sandweg, hatten Carlton und Princess die grau-gemauerte ›*power-station*‹ passiert, die das Dorf, nicht aber die Häuser oben am Hügel, mit Strom versorgt und deren Dieselmotoren kurzfristig das Geblöke der Ziegen überknatterten. Dann hatten sie die Wegkreuzung erreicht, an der das kleine, weißgestrichene Steinhaus mit den beiden stets offenen Türen stand – oder besser zitterte, schepperte und dröhnte: Denn an diesem Abend war das ›Park East‹ weniger als sonst Bar mit Betonfußboden, Flaschenregal, Kühltruhe, Tresen und einigen Schemeln, sondern eher eine Art begehbares, möbliertes, ummauertes Radio, dem man die Lautsprecher nach innen gekehrt hatte. Reggae-Bässe rummsten von Wand zu Wand, Soca- und Calypso-Rhythmen schrillten quer, hoch, runter und zurück und fetzten aus den Türen, um über die Ostseite der Insel zu fegen. Es war die Ouvertüre für eine der neun Nächte vor Weihnachten, die sie hier, auf dem drei Kilometer langen Landstreifen knapp über dem 12. Breitengrad, der Grenadines-Insel am Rand des karibischen Meeres, *nine mornings* nennen, und auch Carlton, der Fischer, war gekommen, um die Morgensonne rum-verschleiert zu sehen, Princess, wie stets, mit schiefem Kopf nach oben lächelnd, stumm an seiner Seite. Sie trug ihr geblümtes Kleid, das einzige, das sie besaß.

Viele waren gekommen für diese Nacht: der kleine Lennart etwa mit der Spiegelbrille und dem schaukelnden Federgang, der seinen übergroßen Brustkorb so protzig voranschnellen ließ. Sein riesiges Lungenvolumen hatte er sich beim jahrelangen Tauchen nach *conches*, den Groß-Muscheln mit der rosarotpolierten Scheide, die nur in fünfzehn bis zwanzig Meter Tiefe liegen, antrainiert.

Auch der lange Kenneth mit der Flitzbogenfigur war da, kahlgeschoren und in seinen Bewegungen extrem verlangsamt – selbst Reggae und Rum brachten ihn nur in schlaffes Schwanken. Ich hatte Kenneth einmal von der ›Destination Grocery‹ zum Hafenpier begleitet, als er einen Sack *limes* dorthin bringen sollte – für die dreihundert Meter hatte er eine Stunde gebraucht. Kenneth war einer, der staunen konnte: über weiße Kinder von Yachten, die statt einer, wie hier üblich, mit Sand gefüllten Sardinenbüchse buntes Plastikspielzeug hinter sich herzogen; oder über eine weiße Frau, die sich in Stöckelschuhen durch die Schlaglöcher der Dorfstraße kämpfte – da konnte Kenneth lange stehenbleiben und zusehen.

Im Licht des aufgehenden Mondes hatte ich auch Mary im weißen Kleid vorbeihuschen sehen, sie hatte Edwin heute in der hellblauen Holzhütte drüben auf der anderen Inselseite am ›Big Sand‹ alleingelassen, wo er nach Moränenfang, Opossum-Jagd oder Unkrautrupfen unter den Coconut-Palmen jeden Abend sein *real good weed*[11] rauchte und den sich am Riff brechenden Wellen zuhörte – Edwin, der ewige Outsider unter Outsidern, einer der wenigen Übriggebliebenen der *black-carib*-Indianer.

Die dürre Mutter, die immer als erste tanzte, kannte ich nur unter dem Namen ›Grandma‹, sie wohnte ganz abseits noch hinter dem Hügel allein mit vielen Kindern in einer Hurrican-Ruine. Phineas mit dem Trauerblick war von noch weiter her gekommen – drei Kilometer zu Fuß, »*takin' a cool walk*« in der 30-Grad-Dämmerung, vom zweiten Dorf am anderen Ende der Insel. Er war den Weg gegangen, der hier mit Recht *highway* heißt, weil er sich hoch über dem Meer und den Buchten windet – auf der einen Seite die spitzen Vulkanzacken des ›Pinnacle‹ und des ›Mount Olympus‹, den jeder Mann ›Mount Pussy‹ nennt, auf der anderen die blaugrünen Wasser und die Silhouetten der Inselhäufchen mit den Luxus-Oasen der Weißen darauf. Phineas hatte sich einige Jahre in New York durchgeschlagen, war – entnervt und abgestoßen vom Stadtkoloß – zu seiner erblindeten Mutter, zum Garten mit den Trockenerbsen, den Papayabäumen und der Holzkohlen-Feuerstelle zurückgekehrt, und ich war sicher, daß er mir später in der Nacht wieder sagen würde: »*We do need a new concept of life.*«

Es waren Gebeugte da und Sich-Aufrechthaltende, Säufer und Rastas, die nichts tranken, verwitterte Gesichter von grau gewordenen Fischern und die stolz-blickenden der jungen Herumhänger, Huren und fromme Teenies in weißen Blusen mit zu Zöpfen geflochtener Haarkrause; es war das alte Muskelpaket da, das mir mal mit dem grünen Plastikbecher voll *local stuff*[12] und der Klarstellung zugetrunken hatte, man sei hier doch wer, denn man habe schon mal einem Weißen mit der Machete den Kopf abgeschlagen; und es war der coole Nichtstuer da, der mich mal nachts auf der Dorfstraße, am glühenden *ganya-spliff* saugend, unvermittelt gefragt hatte: »Kannst du mir sagen, wo geschrieben steht, daß ein Mann für einen anderen arbeiten muß?« Ich konnte nicht.

Schließlich war auch Tis gekommen. Früher war er für 82 EC-Dollar[13] im Monat Lehrer in der Dorfschule gewesen. Das reichte nicht. Jetzt erlegte er, barfuß auf dem Riff stehend, Haifische, indem er sie mit Ködern lockte und dann mit dem Messer auf sie einstach, bis er sie ins Netz wickeln konnte. Das Pfund brachte ihm einen EC-Dollar. Wie kein anderer konnte Tis in langgezogener Baß-Klage das Gedicht von Christine David von der Nachbarinsel zitieren, in dem es heißt: *»Who am I, I'm looking for me... Am I African? European? West Indian?«* Und: *»I don't want to be brainfed / by Mr. Fred.../I don't want to listen and bow / and say ›Yes Sir‹ / and ›So say's thou‹.«*

Mr. Fred – das steht hier für US-Amerikaner, Franzosen, Engländer, wen Weißes auch immer. Was *Mr. Fred* in diesem Weltwinkel den hier Geborenen anzubieten hat, ist das kostenlose Bestaunen von Luxusyachten, Kreuzfahrtschiffen oder des Charter-Vier-Masters ›Sea Cloud‹ mit seinen vergoldeten Wasserhähnen, das Reinigen von Bungalows, die andere *Freds* für 200 bis 400 US-Dollar die Nacht mieten, oder das Servieren von Drinks auf ›Planter's Punch‹-Parties. Tis sagte dazu: »Die einzige Chance, die sie uns geben, ist die, ihnen wieder zu dienen.«

Überall hier auf den süßwasserlosen Korallenkalk- oder Vulkaninseln mit ihren weißen Stränden aus zermahlener Koralle, überall hier, wo nach der Flucht der letzten kolonialen Zuckerrohrpflanzer zur Zeit der Sklavenbefreiung ein Jahrhundert schwarzer Abgeschiedenheit in gleichbleibender Stille folgte, derart abgeschieden, daß sich einige dieser versprengten Inseln gegenüber ihren Mutterinsel-Kleinstaaten zu *forgotten islands* erklärten, überall hier ist in den letzten zwanzig Jahren eine neue weiße Welt eingebrochen, hat sich manchmal auf ganzen Inseln, manchmal nur auf Landzungen oder in Strandbuchten festgesaugt wie ein Egel auf fremder Haut. Dazu gehören die Bungalow-Hotels mit Bars vor künstlich hochgepäppelten Palmenkulissen, eigene Stromgeneratoren und private Seewasser-Entsalzungsanlagen. In schwierigen Zeiten, etwa in Trokkenperioden, manchmal auch Gewehrkugeln, um die Wohlstandsdarstellung gegen die Wut des nicht geladenen Publikums, der schwarzen Habenichtse von nebenan, zu verteidigen. Und zum gleichen Zweck auch Zäune, um all das herum.

Solch ein Zaun zieht sich auch zehn Schritte vor den Türen des ›Park East‹ über den Sandboden – dahinter die Rollbahn für Kleinflugzeuge und der Yacht-Club. Und während in dieser *nine-morning*-Nacht aus dem ›Park East‹ endlos der Soca *Feelin' hot hot hot* hämmerte, während drinnen ›Park East‹-Besitzer Benjamin Adams, ›Buffalo‹ oder ›Uncle Benji‹ genannt, fast ebensoviel Rum in seinen kugeligen Körper schüttete wie er an der Bar ausschenkte, Carlton den ›Mount Gay‹-Flachmann leerte, Princess sich allein mit geschlossenen Augen drehte und um sie herum sich ein immer engeres, immer schweißtreibenderes und selbstvergesseneres Gedränge sich rhythmisch-reibender Leiber formte – währenddessen wurde gegenüber im eingezäunten Areal auf der palmenumsäumten Meerblickterrasse des Yachtclubs mit dem davor gelegten, beleuchteten Haifischpool für die weißen Liebhaber der exklusiven Tropenparadiese das

Christmas-Dinner serviert – begleitet von einer Steelband, die es gegen den Soca-Beschuß aus dem ›Park East‹ allerdings schwer hatte.

Wer als Weißer hier lebt, muß sich entscheiden, ob er innerhalb oder außerhalb des Zauns dazugehören will. Ich war seit Monaten außerhalb gewesen, hatte mit Edwin die grünen Leguane im Zweig-Geschlängel der *bushes* aufgespürt, hatte Mary's *callaloo*-Suppe mit Schweineschwänzen drin gegessen und zwei Wochen lang, wie alle, nur Trockenerbsen und Reis, als das Postschiff nicht kam, das die Insel mit Frischgemüse und tiefgefrorenen Hühnerkeulen versorgt. Ich hatte kopfgroße *Calabash*-Baumfrüchte zu Trinkschalen zersägt, mich mit den schäumenden Blättern des *Ochro*-Busches im Meerwasser gewaschen. Und ich hatte nachts unter Palmwedeln am ›Big Sand‹, wenn der Viertelmond dünn und waagerecht auf der Passatwolken-Watte lag, und der Orion am Zenith strahlte und westwärts vorangehend der Plejaden-Sternhaufen, die Legenden gehört von dem, der die Maultiere verstehen und von dem, der durch die Nacht sehen konnte. Und auch die von den *Obeah*-Geistern, die im Dunkeln zwischen den Hibiskusblüten schwebten – und dabei hatte ich Rum mit braunem Zucker getrunken, bis die Hände den Horizont griffen, die Füße auf dem Meeresboden Halt fanden und der Kopf zu den Plejaden gehörte. Und ich hatte begonnen zu verstehen, was sie hier damit meinen, wenn sie behaupten, daß der Mensch schreien kann, vor Glück oder vor Schmerz, ohne daß ein Ton über seine Lippen kommt.

Es war ein anderer Rhythmus, der mich erfaßt hatte – der des wachsenden Grases nach dem Tropenguß, der der sich vorwärts hakelnden Landkrabben unter den Mangroven-Luftwurzeln, der der *blackbirds*, die sich auf den Ästen der *seagrape*-Bäume im Passatwind wiegten. Vielleicht war es wie bei Camus' irritiertem Helden Meursault, der erst in Afrika wieder gelernt hatte, einfach spazierenzugehen, um dann nur noch »ein paar wesentliche Gebärden« zu brauchen, »das Auflegen seiner Hand auf einen Baumstamm, einen Lauf am Strand entlang, um sich unversehrt und bewußt zu erhalten«. André Breton beschrieb sein tropisches Erlebnis in Martinique als ›Pflanzenwahn‹, der ihn ausrufen ließ: »Finde Blumen, die Stühle sind!«

Ich hatte auch begonnen, die dazugehörende Weltsicht der Menschen zu ahnen, lebte mit im Tempo der schlurfenden Schritte, der langen Blicke und des ruhigen Gesprächs. Und ich fing an, mit denen zu fühlen, die auf der Flucht vor der dollarschweren Walze der weißen Neu-Eroberer versuchten, ein Stück überlieferter afrikanischer Identität zu retten. Die den *Big Drum*-Ritus wieder aufleben ließen, die *Beg pardon*-Tänze der versklavten Ahnen, der Kromantins aus dem Sudan, der Ibo und der Manding aus Nigeria, oder den *Bele Kawe*, den ›Hühnertanz‹ aus dem alten Dahomey. Und die dabei sangen: *»Anti koro you na yeri o, koro koro, anti koro – thunder roll, lightening flash, rain fall«* – so war das Leben.

Diese wollten gar nichts wissen von den Menschen, die dort beim Christmas-Dinner lärmend den Rumpunsch kreisen ließen und zu den Klängen der Steelband so ungelenk herumhopsten – sie sahen dem mit einer Mischung von schüchternem Respekt und Hohn zu. Und tatsächlich sieht man, lebt man lange genug außerhalb des Zaunes, eines aus dieser Distanz deutlicher als gewöhnlich: die Verspanntheit des wohlhabenden Weißen bei seiner so aufwendigen Entspannung. *»Them do not know makin' a real good life«*, sagten die Hüttenbewohner.

›Buffalo‹, ›Uncle Benji‹ Adams lag schon im ruhigen Rausch mit dem Kopf auf dem Tresen, als Louisa in dieser *nine-morning*-Nacht hereinplatzte – Louisa, wahrscheinlich die fröhlichste Hure der Welt, auf beiden Seiten des Zaunes lebend und nach dem Motto: »Ich nehme mir, was sie mir nicht geben.«

Und Louisa entfachte neues Feuer: klatsch, klatsch, *Let's dance!*, und dann knallte es wieder aus den Boxen, ›*Tango in de Disco* . . .‹ und *Rum and Coocá-Colá* . . ., und Louisa in der Mitte von allen, patsch, patsch mit den nackten Füßen und mit dem dicken Wackelhintern rechts-links, und es wurde immer enger um sie, heißer, zuckender, schiebender. Kenneth wippte mit im Gedränge, und Carlton kam dazu, und die Zopf-Mädchen stürzten sich mit hinein, die Arme hoch und die Hüften voran, und Lennart drückte seinen Brustkorb in die dunkle, dem Stakkato-Rhythmus verfallene Menge, den Spiegelbrillenkopf im gleichen Takt in den Nacken werfend, und Princess drehte sich am Rande mit geschlossenen Augen und ausgebreiteten Armen, und Louisa schrie: *»Come on, gimme your hips!«*, und die Hüften schoben und stießen und aus den Boxen fetzte: ›*Push it, push it, push it to me*!‹ – da fiel plötzlich ein fauchendes Rauschen über alles, ein Vorhang stürzenden Wassers legte sich vor die offenen Türlöcher, und der Sandboden davor verschwand unter einem See, der die Sturzbäche des Tropengusses in sprühenden Fontänen zurückwarf.

In diesem Moment wankte ein riesiger Neger, den ich nie zuvor gesehen hatte, durch den Wasservorhang herein, nahm einen tiefen Schluck aus der halbleeren Rumflasche, die er bei sich trug, fiel hintenüber, krachte auf den Beton und blieb mit blutendem Schädel und verdrehten Augen regungslos liegen.

Es gab keine Aufregung. Nach einem Topf Nescafé kam er wieder auf die

Beine. Doch es war das Ende der *nine-morning*-Nacht – die ›*power station*‹ war ausgefallen, es gab keinen Strom mehr. Und so liefen oder torkelten alle zurück in die Häuser und Hütten, vorbei an den Ziegen, die die plötzliche Nässe noch lauter blökend begrüßten. Nur der Yachtclub leuchtete noch dank des eigenen Stromaggregats, und die Steelband klöppelte ›Mammi blue‹ – Sieger der Nacht im tönenden Wettstreit.

Am nächsten Mittag traf ich den Riesen wieder. Er hieß Russel und hatte ein selbstgezimmertes Ruderboot am Strand liegen. Er lud mich zu sich ein. Ich fragte: »Wo wohnst du?« Da deutete er nach Osten aufs Meer, auf einen grünbewachsenen Erdhaufen am Ende des Riffs – eine winzige Insel, vielleicht zehn mal zehn Meter groß. Wir ruderten hin.

Russel hatte sich hier abgesetzt von allem. Er schlief in einem Zelt, feilte Korallenschmuck und verkaufte ihn an Kreuzfahrttouristen. Russel paßte nirgendwo mehr hin: Er war lange zur See gefahren, kannte Caracas, London, Afrika und Asien – und hatte keine afrikanische Sehnsucht mehr. Russel hatte begonnen, weiß zu denken.

Vor uns dümpelten die Yachten, hinter uns lag das große Riff, das das Karibische Meer nach Osten abschließt – ›World's End Reef‹. »Sieh dir die Yachten an«, sagte Russel, »da liegen Millionen von Dollars. Ich habe kein Geld. Aber du hast etwas. Besorge Holz, einen Gaskühlschrank, eine Menge Rum und Säfte, ein paar Hocker, Petroleumlampen und Musik. Und wir werden hier auf meiner Insel eine Bar bauen. Das könnte ein *big shot* werden: Sie werden alle von den Yachten herübergerudert kommen.«

»Wir könnten sie ›World's End Bar‹ nennen«, sagte ich, »es wäre die kleinste und kurioseste Bar der Welt.«

Dann stellten wir uns vor, wie es wäre, hier am Ende der Welt mitten im türkisfarbenen Wasser auf zehn mal zehn Metern Land einige Palmen zu pflanzen, eine Hütte zu bauen, Rum-Drinks zu mixen und reich zu werden. Und eines Tages einen Stromgenerator dazu zu kaufen, und eine Seewasser-Entsalzungsanlage. Und dann einen Zaun drumherum zu ziehen, weil die Gäste es nicht mochten, wenn die schwarzen Jungs aus dem Dorf in Scharen herübergeschwommen kamen...

Drei Jahre später war ich wieder da. Carlton war tot – Herzschlag nach einer kalten Eimerdusche am Ende eines heißen, harten Fangtages nach *snappers*, *barracudas* und *dolphins*. Princess war Stubenmädchen in einem Bungalowhotel auf einer anderen Insel. ›Buffalo‹, ›Uncle Benji‹ Adams hatte es nach einem Kreislaufkollaps tödlich getroffen. Tis war nach Trinidad gegangen.

Und im ›Park East‹ hatte eine Amerikanerin einen Kühlraum eingerichtet – Frischobst und -gemüse für den Yachtclub auf der anderen Seite des Zaunes.

Russel aber war noch auf seiner Insel. Ich bin hingeschwommen, und wir haben noch einmal geträumt von der Bar am Ende der Welt. Dabei soll es bleiben.

Heiße *Punches* wurden in England Ende des 17. Jahrhunderts boomartig populär. Auf riesigen Punch-Parties probierte man gemeinsam das von englischen Seeleuten aus Indien mitgebrachte Rezept – die größte gab Admiral Ed. Russel im Jahr 1694: 6000 Gäste tranken ein Bassin leer, in dem acht Tonnen Rum, ebensoviel heißes Wasser, 80 Liter Zitronensaft, 30 Zentner Zukker, 10 Fässer Malagawein und 5 Pfund Zimt gemixt worden waren. Das Wort *punch* kommt vom Hindu-Wort *pantscha* und bedeutet fünf – die Anzahl der für den Ur-Punch benötigten Elemente Feuer, Wasser, Erde (Zucker), Luft (Gewürze) und Geist (Rum).

Den Grog hatte über fünfzig Jahre zuvor der englische Admiral Edward Vernon, Flottenführer in Westindien, erfunden – das gezuckerte ›Rumwasser‹ sollte die Matrosen vom übermäßigen Trinken puren Rums abhalten. Vernon soll stets einen Bootsmantel aus grobem Stoff, *grogram* genannt, getragen haben. Nach diesem haben die englischen Seeleute den Grog getauft.

Die Zutaten aller heißen Punches und Grogs dürfen nur bis zum Siedepunkt erhitzt, die heißen Drinks sollten immer im feuerfesten Glas serviert werden.

FISH-HOUSE-PUNCH (1)

(Schumann's Variation)

5 Liter Wasser

750 g brauner Zucker

10 Zitronen

10 Limetten
(Schalen abreiben, Saft auspressen)

Wasser kochen, braunen Zucker einrühren und nochmals kochen, bis es sirupähnlich wird.

3 l brauner Rum (Jamaica)

1 l Brandy

¼ Flasche Southern Comfort

dazugeben, alles gut verrühren und nochmals sieden lassen. Sofort servieren oder in Flaschen füllen.
(Verschlossene Flaschen können einige Tage stehen bleiben.)
Servieren in einem mit gestoßenem Eis gefüllten Longdrink-Glas. 1 cl hochprozentigen braunen Rum darüberfließen lassen.

FISH-HOUSE-PUNCH (2)

statt 5 Liter Wasser:

2 Liter Wasser

3 Liter schwarzer Tee

(Fish-House-Punch kann sowohl kalt als auch warm serviert werden.)

HOT BUTTERED RUM

1-2 cl Zuckersirup

oder 2 Barlöffel feiner Zucker

6 cl brauner Rum (Jamaica)

Zutaten in einem feuerfesten Glas erhitzen, Zucker einrühren, bis er sich auflöst, und mit sehr heißem Wasser auffüllen. Butterflocken darübergeben.

HOT JAMAICAN

1-2 cl Zuckersirup

Saft ½ Limette

6 cl brauner Rum (Jamaica)

2 Nelken

½ Zimtstange

1 Limettenscheibe

Zutaten in einem feuerfesten Glas erhitzen. Mit kochendem Wasser auffüllen. Nelken, Zimt und mit Nelken gespickte Limettenscheibe dazugeben.

MARTIN'S RUM-ORANGE-PUNCH *1982

4 cl Orangensaft

2 cl Rose's Lime Juice

Saft ½ Limette

2 Barlöffel feiner Zucker

1 cl Southern Comfort

2 cl hochprozentiger brauner Rum

4 cl brauner Rum

Alle Zutaten im feuerfesten Glas erhitzen. Schale der halben Limette und eine Orangenschale dazugeben.

TOM & JERRY

1 Ei

1-2 Barlöffel Zucker

4 cl weißer Rum

heiße Milch

Eigelb und Eiweiß trennen, beides separat schlagen. Zucker zum Eigelb geben, gut verrühren, bis sich der Zucker aufgelöst hat. Eiweiß und Rum dazugeben, mit heißer Milch aufgießen und gut verrühren. Muskatnuß darüberreiben.

JEAN GABIN *1986

4 cl brauner Rum

2 cl Calvados

Zucker- Kandis- oder Ahornsirup

heiße Milch

Alkohol in einem feuerfesten Glas erhitzen, mit heißer Milch auffüllen. Muskatnuß darüberreiben.

GOLDIE *1984

4 cl brauner Rum

1 cl Galliano

1 cl Sahne

4 cl Milch

2 cl Orangensaft

1-2 Barlöffel Zucker

Zubereiten wie Jean Gabin.

RED MOUTH *1984

4 cl weißer Rum

2 cl Cherry Heering

2 cl Sahne

4 cl Milch

1 Barlöffel Zucker

1 Spritzer Grenadine

Zubereiten wie Jean Gabin.

HOT MM *1983

4 cl brauner Rum

2 cl Tia Maria

8 cl Sahne

1-2 Barlöffel Zucker

Zubereiten wie Jean Gabin.

SWEET & HOT *1984

4 cl brauner Rum

2 cl Kahlúa

2 cl Sahne

6 cl Milch

Nelke

Zitronenschale

Zubereiten wie Jean Gabin.

BULL'S MILK

4 cl brauner Rum

2 cl Brandy

8 cl Milch

1-2 cl Ahornsirup

Zutaten im feuerfesten Glas erhitzen, bis sich der Ahornsirup aufgelöst hat. Mit heißer Milch aufgießen.

Mexican Coffee (hot) *II 1982

4 cl Golden Tequila

2 cl Kahlúa

1 Barlöffel brauner Zucker

1 Tasse starker Kaffee oder Espresso

Sahne

Tequila und Khalua im feuerfesten Glas erhitzen – nicht kochen –, braunen Zucker darin auflösen, mit heißem Kaffee auffüllen und gut verrühren. Leicht angeschlagene Sahne darübergleiten lassen.

Cuban Hot Coffee *1986

3 cl Golden Rum

1 cl Crème de Cacao braun

1 Barlöffel Zucker

1 Tasse heißer Kaffee

Zubereiten wie Mexican Coffee, jedoch ohne Sahne.

Pepino's Coffee (hot) *II 1986

4 cl Tequila

1-2 cl Tia Maria

1 Tasse heißer, starker Kaffee

2 Barlöffel brauner Zucker

Sahne

Zubereiten wie Mexican Coffee.

Black Marie (cold)

1 Barschaufel gestoßenes Eis

2 cl brauner Rum

2 cl Brandy

1 cl Tia Maria

1 Tasse Kaffee (kalt)

1-2 Barlöffel Zucker

Zubereiten im Shaker auf gestoßenem Eis. Servieren im Longdrink-Glas auf gestoßenem Eis.

Hot Marie

Zutaten wie Black Marie (cold).

Zubereiten wie Mexican Coffee, jedoch ohne Sahne.

Café San Juan (cold)

6 cl Golden Rum

1 Tasse starker kalter Kaffee

Rum über Eiswürfel in ein Highball-Glas gießen, mit starkem Kaffee auffüllen und umrühren. Ein Stückchen Zitronenschale zufügen. Zucker nach Geschmack dazugeben.

Son rauchte Gideons Zigaretten und goß sich den Rest Rum in den Kaffee. Er streckte die Beine aus und fühlte sich zu Hause, ungezwungen und frei von Posen und falschen Tönen. Das zähe Ziegenfleisch, der geräucherte Fisch, die scharfe Pfeffersoße über dem Reis setzten sich in seinem Magen. Es war alles auf einem Teller serviert worden, und er wußte, was diese Delikatessen sie gekostet hatten: die süßen, dicken Kekse, die Kondensmilch und vor allem der Rum. Die Nacktheit seines Gesichtes und seines Kopfes machten ihn verletzlich, aber seine Gastgeber ließen ihm so viel Bewunderung zukommen, daß er sich damit bedecken konnte. Alma Estée hatte ihr kurzes, gemustertes Kleid ausgezogen und war in ihrem besten Kleid – einer Schuluniform – zurückgekommen; Son wußte jedoch sofort, daß sie schon seit langem keinen Schulunterricht mehr hatte. Die Uniform sah abgetragen und schmutzig aus. Er fühlte die Wogen ihres Verlangens über sich zusammenschlagen und kam sich zum erstenmal seit Jahren wie ein reicher Mann vor. Thérèse nötigte ihm ein Festmahl aus Bananen und gebratenen Avocados auf, dann beugte sie sich in dem Licht der Lampe vor und fragte ihn, vergnügt mit ihren Augen blinzelnd: »Stimmt das? Amerikanische Frauen greifen sich in den Bauch und töten ihre Babies mit den Fingernägeln?«

»Halt den Mund«, sagte Gideon, und dann zu Son: »Sie ist nicht nur blind geworden, sie hat auch den Verstand verloren.« Er erklärte Son, daß er ihr erzählt hatte, wie es in einem amerikanischen Krankenhaus zuginge. Aber Thérèse legte sich alles auf ihre Weise zurecht, und ihre Ansichten hätten nichts mit denen anderer Leute gemein. Er hätte trotzdem versucht, ihr zu erklären, was eine Blutbank oder eine Augenbank sei, aber sie verdrehte immer alles. Das Wort »Bank« müßte sie wohl verwirrt haben, meinte er. Und das stimmte. Thérèse behauptete, Amerika wäre, wo Ärzte den Armen Mägen, Augen, Nabelschnüre, Teile des Hinterkopfs, wo die Haare wuchsen, Blut, Sperma, Herzen und Finger entfernten und in Plastikbeuteln einfroren, um sie später an die Reichen zu verkaufen. Amerika wäre, wo Kinder und auch Erwachsene mit ihren Hunden in einem Bett schliefen. Wo Frauen in den Parks ihre Kinder hinter den Bäumen verkauften. Wo jeder auf dem Bildschirm nackt und sogar die Priester Frauen wären. Wo man sich für einen Batzen Gold von einem Arzt in eine Maschine stecken lassen könne, die innerhalb von wenigen Minuten einen Mann in eine Frau oder eine Frau in einen Mann verwandelte. Wo es nicht ungewöhnlich war, Leute mit Penissen und zugleich mit Brüsten zu sehen.

»Beides«, sagte sie, »männliche und weibliche Geschlechtsteile bei ein und derselben Person, stimmt's?«

»Ja«, sagte Son.

»Und sie ziehen Obst und Gemüse in Töpfen und stellen sie in ihren Häusern auf? Avocado und Bananen und Kartoffeln und Zitronen?«

Son lachte. »Stimmt«, sagte er, »stimmt.«

»Ermutige sie nicht noch, Mann«, sagte Gideon. »Sie hat's faustdick hinter den Ohren, sie gehört zur Sippe der Blinden. Man kann ihnen nichts sagen. Sie verdrehen alles.«

Thérèse bestritt, daß sie zu dieser Sippe gehörte. Denn diese Sippe verliere ihr Augenlicht um die vierzig, während sie schon über fünfzig sei und ihre Sehkraft erst vor ein paar Jahren nachgelassen habe. Gideon neckte sie mit ihrem »über fünfzig«. Eher über sechzig, sagte er, und sie hätte so lange so getan als sähe sie etwas, daß sie sich nicht mehr erinnerte, wann sie nun blind geworden wäre.

Son fragte, wer die Sippe der Blinden sei, und Gideon erzählte ihm die Geschichte von den Blinden, die von Sklaven abstammten und die in dem Augenblick, als sie Dominica[14] sahen, erblindet wären. Ein Fischermärchen, sagte er. Die Insel, auf der die reichen Amerikaner lebten, wäre nach ihnen benannt. Ihr Schiff wäre auf Grund gelaufen und mit allem, was an Bord war, gesunken – mit Franzosen, Pferden und Sklaven. Die blinden Sklaven konnten nicht sehen, wie und wohin sie schwimmen mußten und waren deshalb den Gezeiten und der Strömung ausgeliefert. Sie hielten sich über Wasser, ließen sich treiben und erreichten schließlich, mit den Pferden, die an Land geschwommen waren, diese Insel. Einige von ihnen, die nicht ganz erblindet waren, wurden später von den Franzosen wieder aufgesammelt und kehrten nach Queen de France und in ihre Knechtschaft zurück. Die anderen, die völlig blind waren, versteckten sich. Die Zurückgeholten hatten Kinder, die ebenfalls erblindeten, sobald sie die Vierzig überschritten. Alles, was sie sahen, sahen sie mit dem Auge der Erinnerung, und darauf konnte man sich natürlich nicht verlassen. Thérèse, meinte er, gehörte zu ihnen. Er jedoch nicht, da seine Mutter und Thérèse verschiedene Väter gehabt hätten.

Son fühlte sich schwindlig. Der billige Rum und Gideons Geschichte waren ihm in den Kopf gestiegen. »Was passierte mit denen, die sich auf der Insel versteckten? Hat man sie gekriegt?«

»Nein, Mann, sie sind immer noch da«, sagte Gideon. »Sie reiten mit diesen Pferden in den Hügeln herum. Sie lernten, durch den Regenwald zu reiten und den Bäumen, und was es sonst noch dort gibt, auszuweichen. Sie jagen einander, und zur Abwechslung schlafen sie mit den Sumpfhexen in Sein de Veilles. Wenn ein Sturm aufzieht, kann man hören, wie sie es treiben, da drüben. Als ob es donnerte«, sagte er und brach in spöttisches Gelächter aus.

»Mescal«, sagte der Konsul. Die Hauptbar des ›Farolito‹ war menschenleer. Aus einem Spiegel hinter der Theke, der auch die zum Platz hin offene Tür spiegelte, starrte ihm stumm sein Gesicht entgegen – streng, vertraut und unheilverkündend.

Aber das Lokal war nicht stumm. Es war erfüllt von diesem Ticken – dem Ticken seiner Uhr, seines Herzens, seines Gewissens, einer Wanduhr irgendwo. Dazu kam ein fernes Geräusch aus der Tiefe, wie rauschendes Wasser, wie ein unterirdischer Einsturz, und außerdem hörte er sie noch immer, die bitter verwundenden Anklagen, die er gegen sein eigenes Elend geschleudert hatte, streitende Stimmen, aus denen die seine sich hervorhob und die sich jetzt mit jenen anderen fern klagenden, schmerzlichen Stimmen mischten: ›Borracho, Borrachón, Borraaaacho!‹

Aber eine dieser Stimmen klang flehend wie Yvonnes Stimme. Er fühlte noch immer ihren Blick hinter sich, ihren und Hughs Blick im ›Salón Ofélia‹. Er schob mit Bedacht alle Gedanken an Yvonne von sich und trank rasch hintereinander zwei Mescals: die Stimmen verstummten.

An einer Limone lutschend machte er Bestandsaufnahme von seiner Umgebung. Der Mescal wirkte zwar beruhigend, beeinträchtigte jedoch die Denkfähigkeit; jeder Gegenstand sickerte erst nach einer Weile in ihn ein. In einer Ecke des Raumes saß ein weißes Kaninchen, das an einem Maiskolben nagte. Es knabberte mit so unbeteiligter Miene an den schwärzlich-violetten Körnern, als spielte es ein Musikinstrument. Hinter der Theke hing in einem Drehgestell eine schöne Kürbisflasche aus Oaxaca mit Mescal de olla, aus der seine Drinks abgefüllt worden waren. Zu beiden Seiten standen Flaschen aufgereiht, Flaschen mit Tenampa, Berreteaga, Tequila Añejo, Anís doble de Mallorca, eine violette Karaffe mit Henry Mallets ›delicioso licor‹, eine flache Flasche Peppermint Cordial und eine große gerillte Flasche Anís del Mono mit einem Etikett, auf dem ein Teufel eine Mistgabel schwang. Vor ihm auf der breiten Theke standen Schalen mit Zahnstochern, Chilipfeffer und Limonen, ein Glas mit Strohhalmen und ein Glaskrug mit langen Löffeln. Am einen Ende der Theke waren große, bauchige Kruken aufgestellt; sie enthielten verschiedenfarbige Aguardiente-Sorten – unverdünnten Alkohol mit verschiedenem Aroma, in dem Schalen von Zitrusfrüchten schwammen. Sein Blick fiel auf eine neben dem Spiegel an die Wand genagelte Ankündigung des gestrigen

Balles in Quauhnahuac: ›Hotel Bella Vista Gran Baile a Beneficio de la Cruz Roja. Los Mejores Artistas del radio en acción. No falte Ud.‹ An dem Plakat hing ein Skorpion. Das alles registrierte der Konsul sorgfältig. Unter langen Seufzern eisiger Erleichterung zählte er sogar die Zahnstocher. Hier war er sicher; dieses Lokal war seine geliebte Zuflucht, das Paradies seiner Verzweiflung.

Der ›Barmann‹ – der Sohn des ›Elefanten‹, bekannt unter dem Namen ›Eine Handvoll Flöhe‹, ein kränklich aussehender, dunkler kleiner Junge – betrachtete kurzsichtig durch eine Hornbrille eine Witzserie ›El Hijo del Diablo‹ in der Knabenzeitschrift ›Ti-to‹. Er murmelte beim Lesen vor sich hin und aß Schokolade. Als er dem Konsul ein frischgefülltes Glas Mescal zuschob, ließ er etwas überschwappen, wischte es aber nicht weg, sondern las murmelnd weiter und stopfte sich mit Schokolade voll – mit Schokoladenschädeln und Schokoladenskeletten, sogar mit Schokoladen-Leichenwagen, die für den Allerseelentag gekauft waren. Der Konsul wies auf den Skorpion an der Wand, und der Junge wischte ihn mit einer ärgerlichen Bewegung herunter – er war tot. Während ›Eine Handvoll Flöhe‹ zu seiner Zeitschrift zurückkehrte, murmelte er laut mit vollem Munde: *»De pronto, Dalia vuelve en Sigrita llamando la atención de un guardia que pasea. ¡Suélteme! ¡Suélteme!«*

Rette mich, dachte der Konsul vage, während der Junge plötzlich hinausging, um Geld zu wechseln, suélteme, zu Hilfe! Aber vielleicht hatte der Skorpion gar nicht gerettet werden wollen und sich selbst totgestochen. Er schlenderte durch den Raum. Nach einem fruchtlosen Versuch, sich mit dem weißen Kaninchen anzufreunden, trat er an das offene Fenster zur Rechten. Darunter ging es fast senkrecht zum Grunde der Schlucht hinunter. Was für ein düsterer, melancholischer Ort! In Parián war Kubla Khan... Und die Felsspitze war auch noch da – genau wie bei Shelley oder Calderón oder beiden –, die Felsspitze, die, obwohl schon gespalten, so sehr am Leben hing, daß sie sich nicht zum endgültigen Zerbröckeln entschließen konnte. Die steile Felswand war erschrekkend, dachte er, während er sich hinauslehnte, um den gespaltenen Fels von der Seite betrachten zu können. Er versuchte sich auf die Stelle in ›The Cenci‹ zu besinnen, wo der riesige Felsblock geschildert wird, der sich an die Erdmasse klammert, als verliehe sie ihm Lebenskraft, der sich nicht vor dem Sturz fürchtet, aber trotzdem einen dunklen Schatten über die Tiefe wirft, in die er eines Tages fallen wird. Bis zum Grunde der Schlucht war es ungeheuer, furchtbar weit. Aber er merkte, daß auch er sich nicht vor dem Sturz fürchtete. In Gedanken verfolgte er den abgrundtiefen, gewundenen Weg der Barranca durch das Land, durch verfallene Bergwerke bis zu seinem Garten. Dann sah er sich wieder mit Yvonne heute morgen vor dem Druckereischaufenster stehen und das Bild von dem anderen Felsen, ›La Despedida‹, anstarren, den zerbröckelnden Eiszeitfelsen im Ladenfenster zwischen den Heiratsanzeigen und dahinter das rotierende Schwungrad. So lange schien das her zu sein, so seltsam, so traurig und fern wie die Erinnerung an erste Liebe, ja, die Erinnerung an den Tod seiner Mutter. Er vergaß Yvonne, diesmal ohne Anstrengung, wie eine gelinde Trauer.

Vor dem Fenster ragte der Popocatepetl, die mächtigen Flanken zum Teil hinter sich heranwälzenden Gewitterwolken verborgen; sein Gipfel versperrte den Himmel, als wäre er fast senkrecht über dem Konsul, als lägen die Barranca und das ›Farolito‹ unmittelbar an seinem Fuße. Unter dem Vulkan! Nicht umsonst hatten die Alten den Tartarus unter dem Ätna angesiedelt oder den Typhon in seinem Innern, das Ungeheuer mit den hundert Köpfen und den entsprechend vielen furchtbaren Augen und Stimmen.

Der Konsul wandte sich ab und ging mit seinem Glas zu der offenstehenden Tür. Hinten im Westen ein anilinroter Todeskampf. Er blickte auf Parián hinaus. Dort hinter einem Rasenfleck lag der unvermeidliche Platz mit dem kleinen öffentlichen Park. Links am Rande der Barranca schlief ein Soldat unter einem Baum. Auf der Anhöhe halbrechts gegenüber stand ein Bauwerk, das auf den ersten Blick wie ein verfallenes Kloster oder ein Wasserwerk aussah. Es war die graue, mit Türmen geschmückte Kaserne der Militärpolizei, die er Hugh gegenüber als das berüchtigte Hauptquartier der Unión Militar erwähnt hatte und in der sich auch das Gefängnis befand. Das Gebäude starrte ihn finster aus einem Auge an, einer Uhr, die über einem Torbogen in die Stirn seiner niedrigen Fassade eingesetzt war und jetzt sechs Uhr zeigte. Zu beiden Seiten des Torbogens blickten die vergitterten Fenster des Comisaría de Policía und der Policía de Seguridad auf einige Soldaten nieder, die, ihre Signalhörner an leuchtend grünen Schnüren über die Schulter gehängt, plaudernd zusammenstanden. Andere Soldaten mit unordentlich gewickelten Gamaschen stolperten zur Wachablösung. Unter dem Torbogen, im Eingang zum Hof, saß ein Korporal arbeitend an einem Tisch, auf dem eine unangezündete Petroleumlampe stand. Der Konsul wußte, daß er mit gestochener Handschrift irgendwelche Eintragungen machte, denn auf seinem ziemlich unsicheren Zickzackweg hierher – freilich nicht so unsicher wie vorhin auf dem Festplatz in Quauhnahuac, aber immer noch blamabel genug –, hätte er ihn fast umgerannt. Durch den Torbogen konnte der Konsul die rund um den Hof verteilten Gefängniszellen erkennen – Kerker mit Holzgittern wie Schweineställe. In einem saß ein gestikulierender Mann. Weiter links standen verstreut einige Hütten mit dunklen Palmstrohdächern; sie verschmolzen mit dem Wald, der die Stadt auf allen Seiten umgab und jetzt im unnatürlich bleiernen Licht des aufziehenden Gewitters glühte.

›Eine Handvoll Flöhe‹ war zurückgekommen, und der Konsul ging an die Theke, um sein Kleingeld in Empfang zu nehmen. Der Junge, der ihn anscheinend nicht verstanden hatte, ließ aus der schönen Kürbisflasche Mescal in sein Glas laufen. Als er es dem Konsul reichte, warf er die Zahnstocher um. Der Konsul ließ die Sache mit dem Kleingeld im Augenblick auf sich beruhen, nahm sich jedoch vor, das nächste Mal etwas zu bestellen, was mehr kostete als die fünfzig Centavos, die er bereits bezahlt hatte. Auf diese Weise würde er sein Geld nach und nach wiederbekommen. Er wiegte sich in der lächerlichen Vorstellung, daß er schon deswegen unbedingt hierbleiben müsse, obwohl er wußte, daß es noch einen anderen Grund gab, den er sich jedoch nicht bewußt zu machen vermochte. Jedesmal, wenn er an Yvonne dachte, fiel ihm dieser andere Grund ein. Es hatte also wirklich den Anschein, als müßte er um ihretwillen hier bleiben, nicht weil sie ihm hierher folgen würde – nein, sie war fort, er hatte sie jetzt endgültig gehen lassen. Hugh würde vielleicht kommen, aber sie niemals, diesmal nicht; bestimmt würde sie nach Hause fahren, und über diesen Punkt hinaus konnte er nicht denken – dafür aber an etwas anderes. Er sah sein Wechselgeld auf der Theke liegen, der Mescal war noch nicht abgezogen. Er steckte es ein und ging wieder zur Tür. Die Situation hatte sich verkehrt; jetzt mußte der Junge auf ihn aufpassen. Zum Zeitvertreib malte er sich selbstquälerisch aus, wie der Junge ihn jetzt wohl sehen mochte – obgleich er mit halbem Auge bemerkte, daß der wieder in seine Zeitschrift vertieft war und ihn überhaupt nicht beobachtete –: mit der hoffnungslosen Miene eines bestimmten Trinkertyps starrte er nach zwei murrend auf Kredit gewährten Schnäpsen halb nüchtern aus der leeren Kneipe auf die Straße hinaus, mit einer Miene, die dennoch die Hoffnung auf Hilfe vorzuspiegeln suchte, auf eine irgendwie geartete Hilfe, die vielleicht unterwegs war, auf Freunde, irgendwelche Freunde, die vielleicht kommen und ihn retten würden. Für den Trinker lauert das Leben immer in Form des nächsten Drinks in der nächsten Kneipe hinter der nächsten Straßenecke. Aber in Wirklichkeit erhofft er nichts von alledem. Seine Freunde haben ihn aufgegeben so wie er sie, und er weiß, daß hinter der nächsten Ecke nur der vernichtende Blick eines Gläubigen lauert. Die zwei Schnäpse haben ihn auch nicht soweit stärken können, daß er mehr Geld borgen oder um neuen Kredit bitten könnte, und der Schnaps von nebenan sagte ihm ohnehin nicht zu. Warum bin ich hier? sagt die Stille, Was habe ich getan? echot die Leere, Warum habe ich mich willentlich zugrunde gerichtet? kichert das Geld in der Ladenkasse, Wieso bin ich so heruntergekommen, fragt schmeichlerisch die Straße, und die einzige Antwort darauf war... Der Platz draußen gab ihm keine Antwort. Die kleine Stadt, die so leer erschienen war, belebte sich mit dem fortschreitenden Nachmittag. Dann und wann stolzierte schweren Schrittes ein schnurrbärtiger Offizier vorüber, mit dem Spazierstock an die Gamaschen schlagend. Die Friedhofsbesucher kehrten zurück, aber die Prozession würde erst nach einiger Zeit vorüberkommen. Eine undisziplinierte Abteilung Soldaten marschierte über den Platz. Signalhörner schmetterten. Auch eine große Anzahl von Polizisten war erschienen – diejenigen, die nicht streikten oder angeblich auf den Friedhöfen Dienst getan hatten, oder auch die Ersatzpolizei – Polizei und Militär waren sowieso nicht leicht auseinanderzuhalten. Zweifellos *con* deutsche Freunde. Der Korporal saß noch immer schreibend an seinem Tisch, was der Konsul merkwürdig beruhigend fand. Zwei bis drei Trinker drängten sich an ihm vorbei ins ›Farolito‹; sie hatten die quastenbesetzen Sombreros auf den Hinterkopf geschoben, und die Pistolentaschen schlugen an ihre Oberschenkel. Zwei Bettler bezogen ihre Posten vor der Kneipe unter dem Gewitterhimmel. Der eine hatte keine Beine und robbte wie ein armer Seehund durch den Staub, während der andere, der sich eines Beines rühmen konnte, steif und stolz an die Mauer der Cantina gelehnt stand, als warte er darauf, erschossen zu werden. Dann beugte der Einbeinige sich mit tränenfeuchten Augen vor und ließ ein Geldstück in die ausgestreckte Hand des Beinlosen fallen. Jetzt bemerkte der Konsul ganz rechts auf dem Waldweg, den er gekommen war, eine Anzahl ungewöhnlicher, gänseähnlicher Tiere, die aber so groß waren wie Kamele, und Menschen ohne Haut und ohne Köpfe, die auf Stelzen gingen und deren Gedärme sich selbständig zuckend über den Boden bewegten. Er schloß die Augen vor diesem Anblick, und als er sie wieder aufschlug, sah er weiter nichts als einen Mann, der wie ein Polizist aussah und ein Pferd am Halfter führte. Trotz des Polizisten mußte er lachen, brach aber plötzlich ab, denn er sah, daß das Gesicht des halb liegenden Bettlers sich langsam in dasjenige der Señora Gregorio verwandelte und dann in das seiner Mutter, das einen unendlich mitleidsvollen, flehenden Ausdruck trug.

Er schloß die Augen wieder, und während er, das Glas in der Hand, dastand, dachte er einen Augenblick mit eiskalter, gleichgültiger, fast amüsierter Ruhe an die furchtbare Nacht, die ihn – ob er noch mehr trank oder nicht – unausweichlich erwartete: das von dämonischen Orchestern erbebende Zimmer, die Fetzen eines tumultuösen angstgequälten Schlafes, unterbrochen von Stimmen, die in Wirklichkeit Hundegebell waren, oder von eingebildeten Besuchern, die unausgesetzt seinen Namen riefen, das gräßliche Brüllen, Klimpern, Knallen, Bumsen, der Kampf gegen unverschämte Erzfeinde, die Lawine, unter der die Tür zusammenbrach, ein Mann unter dem Bett, der ihn von unten stach, und draußen fortwährend das Schreien und Klagen, die schreckliche Musik, die Spinette der Finsternis. Er ging zur Theke zurück.

Oaxaca verschließt sich dem Blick. Hinter seinen Fassaden und vereinzelten Fenstern verstecken sich angenehme, oft wunderschöne, im Sonnenlicht badende Patios. Die Dächer sind wahrhafte Rumpelkammern; man entdeckt auf ihnen ein unglaubliches Sammelsurium aufeinandergetürmter Gegenstände: Badewannen, Zisternen, Bettgestelle, Motorradwracks und anderes Gerümpel. Auf dem Dach des ›Francia‹ hatte Lowry seinerzeit über die Zapoteken[15] des Monte Alban gegrübelt. Als er wieder hinabstieg, sah er einen Geier auf seinem Klodeckel.

Aus diesem Alptraum von Hotel, mit Zimmern wie Zellen, einer viktorianischen, schleimig-durchsichtigen Glastür und einem Plastik-Skelett im schlammigen Aquarium, dieser Endstation des Wahnwitzes, war Lowry stets in Richtung Markt, drei Straßenecken weiter, und zum ›Farolito‹ getorkelt. Das ›Farolito‹ ist natürlich längst verschwunden, es war bereits in den 40er Jahren, als Lowry mit Marjorie, seiner zweiten Frau, zurückkehrte, an seinem verdammten Ende. Heute gibt es ein ungastliches Bistro in der Calle Marguia, das den berühmten Namen trägt, ebenso ein Hotel in Las Casas, Treffpunkt der Taschendiebe. Wohl deshalb ziehen zahlreiche blonde Wikinger die schreckliche ›Cantina Lupita‹, direkt nebenan, vor.

Das Hotel ›Farolito‹ hat, ähnlich wie die unzählbaren Nachbarhotels mit ihren Heiligennamen, dieselbe Kundschaft wie die Mescal-Bars rundherum. Man erkennt sie an den Saloon-Türen, oder man findet sie, indem man dem Geruch oder dem Lärm nachgeht. Jede von ihnen hat den eigenen Stundenplan – das ganze Viertel lebt in einem ermüdenden Rhythmus. Die Kneipe ›Dos Equis‹ etwa öffnet erst sehr spät, mitten in der Nacht, ist aber um acht Uhr morgens auch noch offen, wenn sich die ›Superior‹-Bar mit ihrer turbulenten Kundschaft und mit einer unglaublichen Versammlung halbnackter weiblicher Wesen zu schmücken beginnt. Eine psychedelische Pflichtübung dagegen das ›Cartagena‹ in der Abenddämmerung, wenn das Licht über die azurblaue Fassade mit den tiefblauen Konturen und die grellgelbe Pforte streicht – leuchtende Fuchsien dahinter, ein bunter Vorgeschmack auf das, was drinnen zu trinken und zu erleben ist.

Weiter im Westen außerdem die Frauenbars und Tingeltangels wie ›Los Juncos‹ oder ›El Flor del Jazmin‹. Alles zusammen ein waberndes Weltzentrum, dazu, entlang der gradlinigen Straßen, zugleich ein Kaufhaus, das hinter Reihen von metallenen Falltüren, garagenähnlich, Apotheken, Friseursalons, Quacksalber-, Eisenwarenläden und Motorradwerkstätten, aber auch Praxisräume von Ärzten verbirgt, die allein schon durch ihren Anblick heilen dürften. Und nicht zu vergessen: die Depots für den Mescal.

Hergestellt wird der Mescal woanders: in der Umgebung von Matatlàn, einem Ort, der dreißig Kilometer entfernt liegt. Jedes Depot verkauft nur eine, seine spezielle Marke, und die in drei Geschmacksrichtungen: *pechuga* (herzhaft, gelb), *gusitano* (süffig, grünlich) und *minero* (herb, farblos). Im Gegensatz zu allem mehr oder weniger unterhaltsamen Kult, der das zweifelhafte Gebräu überall umgibt, wird der grünliche Mescal kaum anderswo getrunken – ganz einfach deshalb, weil er kaum in Flaschen angeboten wird. Im ›Maguey Azul‹ oder im ›Nectar de Macateca‹ findet man dennoch Reihen von Flaschen mit der Aufschrift ›Andenken an Oaxaca‹. Doch der Mescal von Oaxaca wird hauptsächlich in Plastikkanistern oder sogar -containern verkauft: Kunststoff beherrscht die Szene. Man bringt sein Gefäß mit, der Wirt füllt es hinter dem Tresen mit Hilfe eines Trichters. Von den Lastwagen, die vor dem ›El Famoso Mezcal de Matatlàn‹ parken, rollen die Fässer – azurblaue Plastiktonnen.

Man täte unrecht, den Mescal deshalb zu bedauern: Er altert und verdirbt nicht – eher tut das der unglückliche Dauerkonsument. Die Zahl der zwerghaft Gebeugten, der idiotisch Starrenden, menschlich Abgewrackten, die im Hotel ›Mina‹ stranden oder ganz einfach auf dem Gehsteig enden, ist enorm. Für die vom Mescal-Mythos Infizierten bleibt der beliebteste Mescal dennoch der aus Matatlàn; jede ›Marke‹ unterscheidet sich von der anderen durch ihre Prozente und auch dadurch, daß man dem Agavenbrei unterschiedlich zarte geschmackliche Verbesserungen angedeihen läßt, etwa durch Äpfel, Quitten oder Zuckerrohr. Favorit ist und bleibt, sowohl wegen seines frommen Beinamens als auch wegen seines gelb-farbenprächtigen Leuchtens, der Inbegriff von Mescal überhaupt: ›Las Lagrimas de Maguey‹ – die Agaventränen.

Jeder Tequila ist ein Mescal, aber nicht jeder Mescal ist ein Tequila. So ist die Frage nach dem Unterschied zwischen den beiden Lieblingsspirituosen der Mexikaner am kürzesten zu beantworten. Beide werden aus dem Saft destilliert, der durch Zermahlen und Erhitzen dem Strunk der blaugrünen Maguey-Agave entzogen wird. Dieser Strunk, auch Herz genannt, hat nach dem Abschlagen der Agavenblätter eine ananasartige Form und wird zwischen 20 und 115 Kilo schwer.

Tequila jedoch darf sich nur jenes Agaven-Destillat nennen, das in den Provinzen Nayarit, Colima, Guanajuato, Michoacan und Jalisco, wo auch die Stadt Tequila liegt, erzeugt wird – meistens in industrieller Destillation, während der Mescal (mexikanisch *mezcal* geschrieben) oft noch auf alte bäuerliche Art in Erdmeilern gebrannt wird. Das Wort *mezcal* leitet sich von *metl* ab, dem indianischen Wort für Agave, der berühmteste Mescal kommt aus der Provinz Oaxaca.

Schon die ersten spanischen Eroberer Mexikos hatten das Agavenherz als Lieferant des destillationsfähigen Saftes entdeckt. Während des 19. Jahrhunderts errang das Destillat aus der Stadt Tequila dann einen besonderen Ruf, im Jahr 1873 gab es in der kleinen Stadt in der Provinz Jalisco schon 16 Destillerien. Heute wachsen um Tequila herum etwa 435 Millionen Pflanzen der Agave *maguey tequiliana*, einer Art, die ausschließlich für die Tequila-Herstellung angebaut wird; sie braucht acht bis zehn Jahre bis zur Reife, sieben Kilo Strunk ergeben etwa einen Liter Tequila – stets nach zweifacher Destillation.

Frischer Tequila, meist farblos, wird als *Tequila fino* gehandelt. Mehrere Jahre in Eichenholzfässern gelagert, wird er gelbgoldfarben und heißt *Finissimo Tequila Espuela.*

Eigentliches Nationalgetränk der Mexikaner ist jedoch der Pulque – gemacht aus dem Saft, den die Agave *maguey Atrovirens* ausscheidet, wenn man ihr das Herzblatt herausschneidet: täglich bis zu acht Litern *aguamiel.* Frisch gegoren wird aus diesem ›Honigwasser‹ der leicht alkoholhaltige Pulque, der also kein Destillat ist wie Tequila und Mescal. Pulque ist auch keine Erfindung der kolonialen Eroberer, sondern wurde schon vor Hunderten von Jahren von den einheimischen Indios getrunken.

Außerhalb Mexikos wurde Tequila erst zu Beginn der fünfziger Jahre zunächst in den USA, später auch in Europa populär, in der Bundesrepublik wurde Tequila zuerst von der Münchner Firma Riemerschmid importiert. Und damit fanden dann auch die inzwischen weltweit bekannten Tequila-Drinks ›Margarita‹ und ›Tequila Sunrise‹ viele Liebhaber.

MARGARITA

3-4 Eiswürfel
oder 1 Barschaufel gestoßenes Eis

2 cl Zitronen- oder Limettensaft

2 cl Cointreau

4 cl Tequila

Zubereiten im Shaker. Servieren in eisgekühlter Cocktailschale mit Salzrand.

STRAWBERRY-MARGARITA

1 Barschaufel gestoßenes Eis

2 cl Zitronen- oder Limettensaft

1 cl Erdbeer-Sirup
oder frische Erdbeeren

1 cl Cointreau

4 cl Tequila

Zubereiten im Elektromixer. Servieren in eisgekühlter Cocktailschale.

FROZEN MARGARITA

im Elektromixer zubereiten.

FROZEN MATADOR *1986

1 Barschaufel gestoßenes Eis

Saft ½ Limette

2 Scheiben Ananas

1 Barlöffel feiner Zucker

1 cl Cointreau

5 cl Tequila

Zubereiten im Elektromixer mit gestoßenem Eis, abgießen ins Longdrink-Glas, mit gestoßenem Eis auffüllen.

TEQUILA SUNRISE

1 Barschaufel gestoßenes Eis

6 cl Tequila

1-2 cl Grenadine

10 cl Orangensaft

Superlongdrink-Glas mit gestoßenem Eis füllen. Tequila und Grenadine hineingießen und langsam mit Orangensaft auffüllen. Vorsichtig umrühren.

EL DIABOLO

1 Barschaufel gestoßenes Eis

Saft ½ Limette

2 cl Crème de Cassis

5 cl Tequila

1 Ginger Ale

Longdrink-Glas bis zur Hälfte mit gestoßenem Eis füllen. Limettenhälfte darüber auspressen und dazugeben. Tequila und Cassis hinzufügen, mit Ginger Ale auffüllen und umrühren.

TEQUILA MANHATTAN, (SWEET)

6-8 Eiswürfel

2 Spritzer Angostura

2 cl Vermouth rosso

4 cl Tequila

Zubereiten im Rührglas. Servieren in eisgekühlter Cocktailschale. Cocktailkirsche dazugeben.

TEQUILA MANHATTAN (DRY)

mit Vermouth dry

TEQUILA MANHATTAN (MEDIUM)

mit Vermouth dry und rosso

TEQUINI *

6-8 Eiswürfel

1 Spritzer Angostura

½ cl Vermouth dry

5 cl Tequila

Zubereiten im Rührglas. Servieren in eisgekühlter Cocktailschale. Eine Olive oder Zitronenschale dazugeben.

**Martini-Cocktail mit Tequila.*

TEQUILA SOUR

3-4 Eiswürfel

2 cl Zitronen- oder Limettensaft

1-2 Barlöffel feiner Zucker

5 cl Tequila

Zubereiten im Shaker. Servieren im Sour-Glas. Cocktailkirsche dazugeben.

TEQUILA COLLINS

Gleiche Zutaten, aber im Glas gerührt.

TEQUILA FIZZ

3-4 Eiswürfel

3 cl Zitronensaft

2 cl Zuckersirup

5 cl Tequila

Soda

Zubereiten im Shaker. Servieren im Longdrink-Glas, mit Soda auffüllen. Zitronenviertel oder Kirsche dazugeben.

BRAVE BULL

6-8 Eiswürfel

3 cl Tia Maria

3 cl Tequila

geschlagene Sahne

Tequila und Tia Maria auf vielen Eiswürfeln im Rührglas rühren. In Sherry-Glas gießen und leicht angeschlagene Sahne darübergießen.

TEQUILA MARIA

3-4 Eiswürfel

1 cl Zitronensaft

gemahlener schwarzer Pfeffer

Selleriesalz

Worcestershiresauce

Tabasco

10-12 cl Tomatensaft

5 cl Tequila

Zubereiten im Shaker. Würzen nach Geschmack. Servieren auf Eiswürfeln im Longdrink-Glas.
(Kann auch im Longdrink-Glas auf Eis gerührt werden.)

CARABINIERI

1 Barschaufel gestoßenes Eis

2 cl Zitronensaft

8 cl Orangensaft

1 Eigelb

2 cl Galliano

3 cl Tequila

Zubereiten im Elektromixer auf gestoßenem Eis. In ein zur Hälfte mit gestoßenem Eis gefülltes Longdrink-Glas abgießen.

Mexicana

1 Barschaufel gestoßenes Eis

2 cl Zitronen- oder Limettensaft

4 cl Ananassaft

1 cl Grenadine

5 cl Mescal

Zubereiten im Shaker. Servieren im Longdrink-Glas auf gestoßenem Eis.

Montezuma

1 Barschaufel gestoßenes Eis

1 Eigelb

3 cl Madeira

4 cl Mescal

Zubereiten mit gestoßenem Eis im Elektromixer. Servieren in eisgekühlter Cocktailschale.

Tequila Mockingbird

1 Barschaufel gestoßenes Eis

Saft ½ Limette

1 cl Crème de Menthe grün

4 cl Tequila

Zubereiten im Longdrink-Glas auf gestoßenem Eis. Mit Soda oder Wasser auffüllen, umrühren.

Chapala

3-4 Eiswürfel

2 cl Zitronen- oder Limettensaft

4 cl Orangensaft

1 cl Grenadine

1 cl Cointreau

4 cl Tequila

Zubereiten im Shaker. Servieren im Longdrink-Glas – zur Hälfte gefüllt mit gestoßenem Eis.

YELLOW BOXER *1981

1 Barschaufel gestoßenes Eis

2 cl Zitronensaft

2 cl Rose's Lime Juice

2 cl Orangensaft

1 cl Galliano

5 cl Tequila

Zubereiten im Shaker auf gestoßenem Eis. In ein zur Hälfte mit gestoßenem Eis gefülltes Longdrink-Glas abseihen.

LATIN LOVER *1984

1 Barschaufel gestoßenes Eis

1 cl Zitronensaft

2 cl Rose's Lime Juice

6 cl Ananassaft

2 cl Pitú (Cachaça)

4 cl Tequila

Zubereiten im Shaker auf gestoßenem Eis. Kräftig schütteln. In ein zur Hälfte mit gestoßenem Eis gefülltes Longdrink-Glas abseihen. Ananasstück und Cocktailkirsche dazugeben.

MALCOLM LOWRY *1984

1 Barschaufel gestoßenes Eis

2 cl Zitronen- oder Limettensaft

2 cl Cointreau

2 cl weißer Rum

3 cl Mescal

Zubereiten im Shaker auf gestoßenem Eis. Servieren in eisgekühlter Cocktailschale mit Salzrand (wie Margarita).

PEPE *1984

1 Barschaufel gestoßenes Eis

1 cl Zitronen- oder Limettensaft

4 cl Grapefruitsaft

1 Spritzer Cointreau

2 cl Pitú (Cachaça)

3 cl Tequila

Zubereiten im Shaker auf gestoßenem Eis. In ein zur Hälfte mit gestoßenem Eis gefülltes Longdrink-Glas abseihen.

Aus der Mitte der Agave schießt ein schlanker und leuchtend hellgrüner massiver Kegel auf, hoch und höher. Ihn umgeben und schützen gleichfarbene und gleich große, meterhohe Attrappen, halbkreisförmig gebogen, so daß auch sie von ferne für Kegel gelten könnten. Genau wie der Schaft enden sie oben in schwarzen Helmspitzen; vermittels dieses vegetabilischen Horns machte man einst Baumzweige zu tödlichen Speeren und Lanzen. Was wir den Schaft nennen, dieses Bündel der fest zu einem Kegel gewickelten gepreßten Zentralblätter, nennen die Indios das Herz. Auch jene Attrappen, die den Schaft umringenden Blätter, betrachten ihn als ihr Herz, nach welchem es die Götter gelüstet und das herausgeschnitten werden soll, wie es ehedem mit den Herzen der Menschen geschah.

Wenn es soweit ist, muß nicht nur das Herz sterben, sondern die ganze Pflanze mit Saft und Kraft, weshalb die großen Blätter wie eine Leibwache von Pistoleros darauf achten, das Herz wohl zu schützen. Nach acht Jahren, sobald die Zeit des Blühens, die Stunde der Gefahr naht, richten sie sich drohend zu voller Höhe auf und schließen sich noch fester zusammen, damit der Feind jeden von ihnen für den Kegel halte, der ihr Herzstück ist.

Nützt alles nichts. Ungeschreckt und ungetäuscht schiebt sich der Mensch mitten durch den Schutzwall und schneidet mit sicherer Hantierung den Schaft entzwei. Der klappt zusammen, sinkt zu Boden. Aber der Mörder fällt nicht gleich über sein Opfer her, beeilt sich nicht, die Beute davonzuschleppen. Herzlos schreitet er von dannen, nachdem er die Todeswunde mit einem Maisblatt bedeckt hat, um die Insekten an der Einkehr in diese Pulquería zu verhindern.

Ihr wißt nicht, was eine Pulquería ist? Nun, auch die Agave weiß es noch nicht. Vorläufig sind wir bei dem Saft, der aus der Blätterkrone der klaffenden Todeswunde zuströmt. Um dieses Saftes willen werden auf dem Rancho, dessen Herrenhaus weiß vom Hügel schimmert, zehntausend, zwanzigtausend in militärischen Reihen angeordnete Exemplare der Maguey, der Agave atrovirens Karw., gehegt und gepflegt. Um dieses Saftes willen sind Hunderte von Arbeitern, die ›Tlachiqueros‹, auf dem Agavenfeld bemüht, und um dieses Saftes willen kehren sie immer wieder an den Ort der Tat zurück. Nunmehr ohne Mordwaffe.

Ihr neues Werkzeug gleicht jenen auf Glanz polierten Holzkeulen, wie sie Schauturner oder Jongleure durch die Luft wirbeln. Auf den Märkten Mittelmexikos gibt es Stände mit Bergen solcher vermeintlich polierter, vermeintlich hölzerner Keulen, die von den Käufern lange und mit prüfend eingekniffenen Augen gemustert werden. Es sind ausgehöhlte Flaschenkürbisse, dazu bestimmt, der Agavenquelle den Saft zu entsaugen.

›Aguamiel‹, Honigwasser, heißt die Flüssigkeit im jetzigen, ungegorenen Zustand und schmeckt erfrischend, zumal wenn sie mit dem Saft einer Kaktusfrucht vermischt ist. Solches ist aber nicht der Sinn der Agavenwirtschaft, ihr Sinn ist, aus dem Honigwasser Alkohol und aus dem Alkohol Ware zu machen. Zu diesem Ende kauft ein armer Indio für zehn Pesos eine Agave vom Bauern, an dessen Feldrain sie wild wuchert, und zu diesem Ende läßt der reiche Ranchero seinen Agavenbesitz pflegen.

Die Pflege erstreckt sich hauptsächlich auf Würmerjagd, eine Arbeit, die sowohl der Pflanze wie dem Jäger zu Nutzen reicht: der Pflanze, weil sie von Würmern befreit wird, und dem Jäger, weil er um die Würmer bereichert wird, die Nahrung und Leckerbissen sind – Mahlzeit! In Restaurants und auf der Straße kann man ›Gusanos de Maguey‹ kaufen, und um den Handel von der

Saison unabhängig zu machen, gibt es sie auch in Konservenbüchsen. Vorzuziehen sind die frischen Würmer, knusprig gebacken und warm schmecken sie beinahe wie Gänsegrieben.

Dreimal täglich kommt der Tlachiquero zur sterbenden Agave, saugt mit dem Flaschenkürbis am frühen Morgen, in der sengenden Mittagsglut und im beginnenden Abenddämmer. Monate hindurch, wenn's gutgeht, ein halbes Jahr lang – so lange also vermag ein Wesen ohne Herz zu leben, so lange dauert es, ehe die Lebenssäfte verströmt sind. Erstaunlich viel, vier bis acht Liter pro Tag, im ganzen bis zu zwölf Hektoliter, werden aus einer einzigen, auf fast wasserlosem, vulkanisch-steinigem Brachland wuchernden Pflanze geschöpft.

Unter Dach und Fach geschieht die Höherentwicklung, will sagen, die Alkoholisierung. Binnen Tagesfrist wird dort der Pflanzensaft zu gegorenem Most, der klare und geruchlose Honigtrank zum trüben Pulque. Fragt man, welche Hefe diese rasend schnelle Metamorphose bewirkt, so bekommt man viele Antworten, aber keine Antwort. Wer's weiß, sagt nichts, wer's nicht weiß, behauptet, Hundedreck vollziehe das Wunder. Wir kennen solche Märchen von überallher, in der französischen Champagne zum Beispiel wird gern erzählt, es sei Urin, was dem Kognak den goldenen Glanz verleihe, und Alphonse Daudet schreibt in einem Brief aus seiner Mühle, der weltberühmte Chartreuselikör habe seine Blume nur bewahrt, solange der alte Abt die getragenen Socken in den Destillationsbottich warf.

Aber wir glauben den poetischen Geschichten nicht, auch dann nicht, wenn sie von den Produzenten geleugnet werden. Ein Indio schwört uns, bei ihm werde die ganze Pulquechemie von dem Schweinefell besorgt, darin er den Aguamiel vom Felde heimtrage.

In den Haciendas kann kein Schweinestall mitwirken, denn dorthin wird der Agavensaft in Fässern gebracht und aus ihnen in die Tinacales geschüttet. Das sind Kuhhäute, die wie Hängematten auf Pfählen hängen. Durch das Gewicht ihres Inhalts dehnen sie sich zu überirdisch großen trächtigen Ichthyosauriern. Mehr als zehn Hektoliter gehen in eine Kuhhaut.

Die haarige Außenseite ist nach innen gekehrt, und vielleicht sind es die Körperhaare der verstorbenen Kuh, welche die mystische Wandlung des Honigsees in einen Pulquesee vollziehen. Keinesfalls ist es jenes Ferment, von dem die Böswilligen sprechen, in den gefüllten Riesenkühen müßte sich die Notdurft ganzer Hundemeuten einflußlos verlieren. Auch würde ein solches Ingredienz nicht passen zu der noch heute respektierten Heiligkeit des Raumes: Wer immer bei den Tinacales einkehrt, nimmt an der Schwelle den Hut ab, als träte er in eine Kirche oder in einen Tempel der Pulquegötter.

Ewig und sichtbar schwimmt in alten Haciendas eine dieser Gottheiten in dem See aus werdendem Pulque. Oft wechselt die Flüssigkeit, selten wechselt die Kuhhaut, nie wechselt der schwimmende Gott. Er ist aus rotem Holz und war einst unter dem Namen Cuapatli ein vollberechtigtes Mitglied der Mythologie. Jetzt heißt er Palo de Pulque, Pulquestock, und nicht das kleinste Menschenopfer dankt ihm dafür, daß er sich an der Alkoholisierung beteiligt, er soll froh sein, daß man den Hut zieht, wenn man bei ihm eintritt.

Die chemische Hauptarbeit allerdings leistet nicht er, sondern ein alter und durchgegorener Pulque, voll von ›Semillas‹, Gärungspilzen und Bakterien, der Mutterpulque. In einem versperrten Raum harrt er der neuankommenden Honigwässer, um an ihnen die Wirkung zu üben, die an ihm längst geübt ward.

Auf eigener Eisenbahn rollt der Trunk den Kehlen der Außenwelt entgegen. Diese sehr schmalspurige Kleinbahn trägt in allen Haciendas den gleichen Fabriknamen: ›Décauville Ainé‹, der in uns die wehmütige Erinnerung an ein anderes Erzeugnis der Firma weckt, an die Waggons der Pariser Métro. Das engbrüstige Schienenpaar mündet in der nächsten Station der öffentlichen Eisenbahn, wo eine Zuggarnitur bereitsteht, die Fässer aufzunehmen. Täglich treffen aus den Staaten Hidalgo, Tlaxcala, Mexiko und Puebla je zwei Züge in Mexiko-Stadt ein mit insgesamt 300 000 Litern Pulque . . .

Von den Budiken aller Welt unterscheiden sich die Pulquerías dadurch, daß sie nur eine einzige Sorte von Getränk ausschenken. Nicht weniger als

826 Pulquerías gibt es, der amtlichen Statistik zufolge, im Bereich der Stadt Mexiko.

Die Lokale haben romantische Namen: ›Zur Wollust vor dem Tode‹, ›Ich fühle mich wie ein Flieger‹, ›Die Rose an den Rieselfeldern‹, ›Freudentränen der Agave‹, ›Paradies des Arbeiters‹, ›Los diablos en la talega‹, zu deutsch etwa: ›Die Teufel in der Zwickmühle‹. Eines heißt: ›Der Sohn der Leda‹, obwohl unseres Wissens der Schwanerei der Leda zwar die schöne Helena entsproß, jedoch kein Sohn.

Zwei schwingende Bretter bilden den Eingang zur Pulquería, damit der Gast beim Hinaustorkeln nicht gegen den harten Widerstand einer Tür knalle. Falls es richtige, geschlossene Türen gäbe, wäre bei den häufigen Prügelszenen kein Hilferuf draußen hörbar, und die Polizei käme noch öfter erst nach vollbrachtem Totschlag auf den Schauplatz ...

Menschen, die aus Ländern der Weinrebe oder der Hopfenranke stammen, können auch in soundsovielter Generation nicht begreifen, was dazu verlockt, in den Städten Pulque zu trinken. Sein Geschmack spottet jeder literarischen Beschreibung, weshalb wir diejenige Karl Mays hierhersetzen:

»Was das Trinken anbelangt, Señor, so könnte gesorgt werden. Darf ich Euch was anbieten?«

»Hm«, schmunzelte er, »etwa Pulque?«

»Wie kommt Ihr auf dieses Getränk?«

»Ich habe mein Glas noch drüben in der Venta stehen.«

»Es schmeckte Euch nicht?«

»Oh, es schmeckt, aber wie. Ein Gemisch von Alaun, Süßholz, Aloe, Kupfervitriol, Holunderbeeren und Seifenwasser würde wohl ähnlich schmecken.«

Schwerlich wird diese Formel einer chemischen Nachprüfung standhalten, aber wahr ist, daß das trübe Gesöff kein ungetrübtes Entzücken bereitet. Selbst seine notorischen Anhänger leugnen, seine Anhänger zu sein, und sprechen, wenn sie Pulque meinen, von »Wasser«. Auf den Klostergütern gab es für die Fronarbeit der Peones keine andere Prämie als Wasser, welches Pulque war. Und noch heute gilt es als ungeschriebenes Arbeitsgesetz, auf dem Feld, am Bau oder in der Werkstätte für besondere Leistungen eine Lage Pulque zu fordern: *»Para el agua, patrón?«*

Von Phoenix bis Albuquerque sind es anderthalb Flugstunden. Die ersten dreißig Minuten verbrachte er damit, mit seinem Sitznachbarn Englisch zu sprechen. Es war ein kleiner gedrungener Dicker mit Halbglatze, der bei jedem Luftloch in Strömen schwitzte. Farias wunderte sich darüber, wie gut er ihn verstand. Endlich einer, der ein Englisch ohne ungewöhnliche Ausdrücke, ohne idiomatische Spitzfindigkeiten sprach. Plötzlich kam ihm ein Verdacht. Er zählte mit, wie oft der Dicke das Verb *to get* benutzte. Nur einmal in drei Minuten. Das war kein Nordamerikaner. »*Where you from?*« fragte er mißtrauisch. »*Ar-yen-ti-na*«, buchstabierte das Dickerchen. »Seit wann *Aryentina?*« brach Farias in Spanisch aus. »Und seit einer halben Stunde mühen wir uns mit diesem Schulbuchenglisch ab, *joder!*« Der andere lachte und reichte ihm die Hand: »Montevideo?« »Montevideo«, bestätigte Farias. »Das habe ich sofort an dem *joder* gemerkt. Sie benutzen das wesentlich häufiger als wir.«...

Sie wurden von einem weiteren Luftloch überrascht. Der Argentinier stammelte »Mit-ver-laub« und beugte sich heftig über die Tüte der TWA. Dann schwieg er und schloß die Augen. Nur fünfzehn Minuten lang, da die Räder der DC-8 bald darauf die Landebahn von Albuquerque berührten.

»*Mr. Oländou Ferries. Mr. Oländou Ferries. Required at the TWA counter.*« Farias fiel es immer schwer, die Lautsprecherstimmen zu verstehen, selbst wenn sie auf Spanisch zeterten. So mußten sie ihn vier- oder fünfmal ausrufen. »Sie sind gemeint«, sagte der Argentinier, der gleichfalls ausgestiegen war, um auf seine Verbindung zu warten.

Neben dem Schalter der TWA stand eine dünne, nein, eine erschreckend dünne Frau von ungefähr sechzig oder fünfundsechzig Jahren mit einer Metallbrille und einem entsetzlichen Hut voller Stacheln, die in alle Himmelsrichtungen zeigten. »Mr. Farias?« fragte sie. »Ich bin Miß Agnes Paine. Ich begrüße Sie im Namen der Lyrikerinnen von Albuquerque.« Farias drückte die Knochen ihrer Hand und hatte dabei das Gefühl, sie würden unter dem Druck zerbrechen. »Wir wollen noch eine Minute warten«, fügte Miß Paine hinzu. »Miß Rose Folwell wird auch kommen.« Farias versuchte herauszufinden, ob sie, Miß Paine, Gedichte schrieb. »Ja, natürlich«, sagte sie und holte aus ihrer schwarzen Tasche einen dünnen Band mit hartem Umschlag hervor. »Das ist mein letztes Buch – ich habe drei geschrieben –, es sind neununddreißig Gedichte.« Farias las mit einem Blick den überraschenden Titel: *»Annihilation of Moon and Carnival.«* »Danke«, sagte er, »vielen Dank.« Aber Miß Paine fügte schon hinzu: »Tatsächlich ist die wirklich wichtige Persönlichkeit Miß Folwell.« »Ah...« »Ja, sie ist nichts weniger als Mitarbeiterin der *Saturday Evening Post.«*

Farias dachte, alles sei eben relativ: Abgesehen von Auflagezahlen und einem attraktiven Einband mußte das hier so etwas sein wie in seinem Land im *Mundo Uruguayo* zu veröffentlichen.

»Da kommt sie«, rief Miß Paine, plötzlich verklärt. Auf der Treppe, die zur Lobby führte, konnte Farias die Gestalt einer unglaublich alten Dame erkennen (sie mochte achtzig oder hundertfünfzehn Jahre alt sein, das war gleich), etwas zittrig, aber keineswegs gebeugt. Miß Paine und Farias gingen auf sie zu. »Mr. Farias«, stellte Miß Paine vor, »Miß Rose Folwell, bedeutendste Lyrikerin von Albuquerque, Mitarbeiterin der *Saturday Evening Post.«* Miß Folwell hielt einen Augenblick mit ihrem Zittern inne und schenkte ihm ihr schönstes Neunzehntes - Jahrhundert - Lächeln. »Lassen wir ihn mexikanisches Essen kosten«, sagte Miß Folwell zu Miß Paine gewandt. »Ja, natürlich«, antwortete die willfährige Kollegin.

Farias schritt mit seinen beiden Koffern und seinen beiden alten Damen auf den Ausgang zu. Von der Lobby aus grüßte der Argentinier mit großer Geste und heftigem Augenzwinkern. Farias konnte sich genau denken, was für eine Version der Dicke am Ende seiner Reise erzählen würde: »Diese Uruguayer sind doch das Letzte. Da oben in den Vereinigten Staaten habe ich einen kennengelernt, der verrückt darauf war, sich mit alten Weibern zu amüsieren.«

Sie ließen die Koffer im Hotel, und die alten Damen gewährten ihm fünf Minuten zum Händewaschen und Kämmen, um ihn gleich darauf in Miß Paines Wagen zum mexikanischen Restaurant zu entführen. Die beiden waren es auch (eigentlich Miß Folwell), die das Menu bestellten. Die Tische wurden von jungen Indianermädchen bedient, die Spanisch mit englischem und Englisch mit spanischem Akzent sprachen.

Dann sagte Miß Paine: »Rose, rezitieren Sie doch für Farias ein paar von Ihren Gedichten.« »Oh, ich weiß nicht, ob dies der richtige Augenblick ist«, zierte sich Miß Folwell. »Aber natürlich, warum nicht?« fühlte Farias sich verpflichtet zu sagen. »Welches halten Sie für das angebrachteste, Agnes?« fragte Miß Folwell. »Alle sind herrlich, und wissen Sie«, wandte sich Miß Paine an Farias in einem Ton, als ob sie ihm diese Eröffnung zum ersten Mal machte, »Miß Folwell ist Mitarbeiterin der *Saturday Evening Post.«* »Was meinen Sie zu *Divine Serenade of the Navajo?«* »Ausgezeichnet«, stimmte Miß Paine zu, so daß Miß Folwell zögernd, aber unbeirrbar noch vor dem ersten Gang die fünfundzwanzig Strophen der Göttlichen Serenade rezitierte. Farias sagte, das Gedicht sei sehr interessant. Das faltige Gesicht Miß Folwells bewahrte die gleiche Unbeweglichkeit, die es bei der letzten Strophe gezeigt hatte. Farias spürte den Impuls, noch einmal zu sagen: »Sehr interessant. Wirklich interessant.« Es war offensichtlich, daß seine Sätze nicht sonderlich originell waren, doch fühlte er sich getröstet, als er sah, daß Miß Folwell sich herabließ, ihn anzulächeln.

»Geben wir ihm doch etwas Tequila zu kosten«, sagte die Mitarbeiterin der *Saturday Evening Post.* Miß Paine rief das kleine Indianermädchen und bestellte Tequila. Dann sagte Miß Folwell zu Miß Paine: »Agnes, auch Sie haben wunderbare Gedichte geschrieben. Sagen Sie Mr. Farias doch das auf, das in *The Albuquerque Chronicle* erschienen ist.« Farias begriff, daß der letzte Zusatz an ihn gerichtet war, damit er den enormen Unterschied zwischen einer Lyrikerin, die in der *Saturday Evening Post* veröffentlichte und einer anderen, deren Gedichte in *The Albuquerque Chronicle* erschienen, auch richtig würdigte. »Beziehen Sie sich auf *Waiting for the Best Pest?*« fragte Miß Paine unschuldsvoll. »Natürlich, darauf beziehe ich mich.« »Vielleicht ist dies nicht der richtige Augenblick«, sagte errötend die jüngere alte Dame. »Aber doch, natürlich«, griff Farias ein, wobei ihm klar wurde, daß dieser Satz von ihm zu einem zyklischen Bestandteil des Dialogs geworden war.

Miß Paine begann ihren Vortrag genau in dem Augenblick, in dem Farias sich eine Art mexikanische Pastete zum Mund führte und eine beißende Schärfe Besitz von seiner Kehle, seiner Speiseröhre, seinem Hirn, seiner Nase, seinem Herzen, seinem ganzen Sein ergriff. »Nehmen Sie einen Schluck Tequila«, zischelte Miß Folwell verständnisvoll, während Miß Paine *muzzle* auf *puzzle* und *troubles* auf *bubbles* reimte. Dann bedeutete ihm Miß Folwell mit höchst ausdrucksvollen Gesten, aber ohne ein Wort zu sagen, daß man den Tequila mit Salz zu sich nehme, wobei sie ein paar Körnchen auf ihren Handrücken zwischen Daumen und Zeigefinger legte und sie mit der Zungenspitze in den Mund holte. »Das habe ich in Oaxaca gelernt«, flüsterte sie, während Miß Paine zum vierten Mal eine Strophe mit dem Kehrreim abschloß: »*Best of pseudo, here and there.*« Der Tequila brannte auf den scharfen Gewürzen wie Feuer. Miß Paine wiederholte den Kehrreim zum siebten und letzten Mal. Farias wollte »interessant« sagen, brachte aber nur ein gepreßtes Wimmern heraus. Dreiviertel Stunden später war ihm bewußt, daß die beiden Lyrikerinnen ihm ihre gesammelten Werke rezitierten.

Von dem Augenblick an begann die Geschichte ihn zu amüsieren. Alkohol und Scharfgewürztes hatten ihm Kopf und Herz in eine formbare, unbestimmte, zu allem bereite Substanz verwandelt. Eine alles mitreißende Welle der Sympathie überflutete ihn, er liebte diese beiden alten Damen, die zwischen Tequila und Tequila, zwischen Pfefferschote und Pfefferschote ihre Oden und Serenaden, ihre Sonette und Balladen vor ihm ausbreiteten. Er war dabei, eine wirkliche Geschichte zu erleben, eine Geschichte, die er nicht erst erarbeiten mußte, da die alten Damen ihm alles fix und fertig poliert und gefeilt lieferten. Eine Art Liebe ergriff von ihm Besitz, überströmend und großzügig, hervorgerufen von diesen zwei unglaublichen Exemplaren klarsichtiger Sensibilität, die unbeschadet eine unendliche Reihe von Tequilas überstanden hatten. Er dagegen fühlte sich ziemlich angeknackst und war sich, wie immer wenn der Alkohol ihn beflügelte, bewußt, daß er gleich stottern würde: »Und wel-welches von diesen Ge-gedichten wurde in der *Saturday* veröffentlicht?« fragte er aus seinem Nebel heraus, ohne die Kraft noch *Evening Post* hinzuzufügen. »Oh, keins von diesen allen«, antwortete Miß Folwell mit bewunderungswürdiger Nüchternheit und ohne im geringsten zu stottern.

»Ich mö-möchte die ver-veröffentlichten hören, die in der *Satur*...« Zum ersten Mal errötete Miß Folwell. »Es war nur ein einziges«, sagte sie mit unerwarteter Bescheidenheit. »Sprechen Sie, Rose«, feuerte sie Miß Paine an. »Vielleicht ist dies nicht der richtige Augenblick«, sagte Miß Folwell. »A-aber jaaa...«, stammelte Farias automatisch und fügte mit ehrlicher Begeisterung hinzu: »Vorwärts, Rose.«

Miß Folwell feuchtete ihre Lippen mit dem letzten Tequila an, räusperte sich, lächelte, blinzelte. Dann sagte sie: »*Now clever, or never.*« Sonst nichts. Farias machte seiner Verblüffung mit einem leicht respektlosen Schnaufen durch die zusammengepreßten Lippen Luft. Aber Miß Folwell sagte: »Das ist alles.« Noch ein Schnaufen. Da erklärte Miß Paine diskret und diensteifrig: »Ein wirkliches Meisterstück, Mr. Farias. Beachten Sie diese ungeheure Aussage in nur vier Worten: *Now clever, or never.* Die *Saturday Evening Post* veröffentlichte es am 15. August 1949. »Gewaltig«, gab Farias zu, während Miß Folwell in drei Etappen aufstand und sich auf ›Ladies‹ begab.

»Sa-sagen Sie mir, Agnes«, begann Farias einen Satz, von dem er geglaubt hatte, er würde viel länger sein, »warum mögen Sie so gern Scha-scharfes und Ge-gedichte?«

»Wie seltsam, daß Sie diese beiden Dinge in einer einzigen Frage zusammenfassen, Orlando«, sagte Miß Paine, sich gleichfalls an die neue vertrauliche Anrede haltend. »Aber vielleicht haben Sie recht. Glauben Sie, es handelt sich vielleicht um zwei Arten von Flucht?« »Wa-warum nicht?«, sagte Farias, »aber Flucht wovor?« »Vor der Mittelmäßigkeit. Vor der Verantwortung.« Farias schien es, Miß Paine wähle die Worte wie zufällig, wie jemand, der Spielkarten von einem Päckchen aufhebt. Sie stieß einen Seufzer aus, bevor sie hinzufügte: »Vor der Wirklichkeit, letzten Endes.«

BATIDA
DE COCO

Erfrischende Drinks, die aus tropischen Fruchtsäften und dem brasilianischen Zuckerrohrschnaps Cachaça gemixt werden, werden in Brasilien *Batidas* genannt. Der Anteil an Cachaça ist dabei sehr gering. Oft werden Batidas gleich im Glas auf Eis zusammengerührt. Cachaça wird, ähnlich wie manche Rum-Sorten, direkt aus dem Saft des Zuckerrohrs destilliert, wobei dieser aber vorher etwa drei Wochen in einem Kupfer- oder Holzfaß gärt und dann dreimal zur Konzentration aufgekocht wird. Der bekannteste Cachaça ist der Pitú, in Vitoria de Santo Antao, vierzig Kilometer von Recife entfernt, hergestellt. Nach Deutschland wird Pitú in Original-Holzfässern importiert und erst hier in die berühmte Flasche mit dem roten *pitú*, einem brasilianischen Frischwasserkrebs, als Markenzeichen abgefüllt. Pitù wird in der Bundesrepublik von der Münchner Firma Riemerschmid vertrieben, den immer beliebteren Batida de Coco hat die Firma Söhnlein-Rheingold im Programm.

Populär geworden ist Cachaça bei uns vor allem durch den Lieblingsdrink der Brasilianer, der auch hier immer öfter verlangt wird: der Caipirinha – ›Getränk des Bauern‹ (*caipira* = Bauer). Das Originalrezept des Caipirinha basiert auf Cachaça, Limettensaft und Zucker.

Caipirinha

1 Barschaufel gestoßenes Eis

1 Limette

1–2 Barlöffel Zucker

5 cl Cachaça (Pitú)

Die Limette vierteln, in einem Tumbler hineinpressen, Cachaça beifügen, Zucker nach Geschmack hineingeben und die ausgepreßten Limettenviertel ebenfalls dazugeben.
Umrühren, mit gestoßenem Eis auffüllen und nochmals verrühren.

Caipiroska

Zubereitung wie Caipirinha, aber anstelle von Cachaça Vodka nehmen.

Caipirissima

Zubereitung wie Caipirinha, aber anstelle von Cachaça weißen Rum nehmen.

Batida ›Brasil‹

1 Barschaufel gestoßenes Eis

2 cl Batida de Coco

3 cl Cachaça

8 cl Kokosnußmilch

Zubereiten im Longdringlas, gut verrühren.

Batida Carneval

1 Barschaufel gestoßenes Eis

3 cl Cachaça

3 cl Orangensaft

7 cl Mangosaft

Zubereiten im Longdrinkglas, gut verrühren.

BATIDA DE MARACUJA

1 Barschaufel gestoßenes Eis

2 Viertel Passionsfrucht

oder 6 cl Maracujasaft

1 Spritzer Limettensaft

3 cl Cachaça

Zubereiten und servieren wie Batida de Banana.

BATIDA DE COCO

1 Barschaufel gestoßenes Eis

2 cl Batida de Coco

1 cl Sahne

4 cl Ananassaft

3 cl Cachaça

Zubereiten und servieren wie Batida de Banana.

COPACABANA

1 Barschaufel gestoßenes Eis

2 cl Sahne

6 cl Papajasaft

2 cl Schokoladensirup

5 cl Cachaça

Zubereiten wie Batida de Banana.

BATIDA DE BANANA

1 Barschaufel gestoßenes Eis

1 Banane

4 cl Ananassaft

2 cl Sahne

3 cl Cachaça

Zubereiten im Elektromixer. Servieren im Longdrinkglas auf Eis.

Am 14ten, bey Anbruch des Tages, sandten Capitain Cook und Fourneaux, jeder ein Boot nach der Insel O-Taha, die 2 bis 3 See-Meilen von hier und innerhalb desselben Felsen-Rieffs liegt als Raietea. Sie hofften dort einen Vorrath von Früchten zu bekommen, die auf letzterer Insel, wo wir vor Anker lagen, selten waren. Zu dem Ende nahm sowohl der Lt. Pickersgill, als auch Herr Rowe, einen Vorrath von Corallen und Nägeln mit sich. Dr. Sparrmann und mein Vater wollten die Gelegenheit jene Insel zu untersuchen, nicht aus den Händen lassen, und giengen auch mit.

Während ihrer Abwesenheit bat Orea, der in dem District der Insel, wo wir vor Anker lagen, Befehlshaber war, uns zu Gaste. Es verfügten sich daher die Capitains beyder Schiffe, nebst verschiednen Officiers und Passagiers, unter welchen auch ich war, zu Mittage ans Land, wohl versehen, mit Pfeffer, Salz, Messern, Gabeln und etlichen Flaschen Wein. Bey der Ankunft in unsers Wirthes Hause fanden wir den Boden größtentheils mit Blättern bestreuet, die statt Tischtuchs dienten. Rund um diesen Bezirk nahmen wir und die Vornehmsten des Landes unsre Plätze ein. Wir hatten nicht lange gesessen, als ein gemeiner Indianer herein kam, der ein gebratenes Schwein, in Pisang-Blätter gewickelt, auf den Schultern hatte, und solches auf die Erde, mitten vor uns, hinwarf. Ein zweyter brachte ein kleineres Schwein auf gleiche Weise; und diesen folgten verschiedne andre mit Körben voll Brodfrucht, Bananen, und gegohrnem Brodfrucht-Teige Mahei genannt. Der Wirth bat, wir mögten uns selbst bedienen, worauf denn in kurzer Zeit beyde Schweine zerlegt waren. Nun drängten sich die Leute rechtschaffen herbey; die Frauenspersonen und überhaupt alles gemeine Volk bath in bettelndem Tone, um Schweinebraten, doch theilte jeder der etwas bekam, seinen Nachbarn redlich davon mit, ja sie reichten es, von Hand zu Hand, bis ans äußerste Ende des Haufens, von woher die Leute, des Gedränges wegen, nicht herbey kommen konnten. Die Männer verzehrten ihren Antheil mit großem Appetit; die Frauensleuthe hingegen wickelten ihre Portionen in Blätter und verwahrten sie bis sie allein seyn würden. Sowohl die Gierigkeit mit der sie uns plagten und ihre Bitten unablässig wiederhohlten, als auch die neidischen Blicke der Vornehmern, wenn wir den Bittenden etwas mittheilten, überzeugten uns, daß der gemeine Mann in dieser Insel kein Recht und keine Ansprüche auf dergleichen Leckerbissen hat. Das Schweinefleisch schmeckte nach hiesiger Zubereitung, uns allen, ungleich besser als nach irgend einer europäischen Methode. Es war saftiger als unser gekochtes und auf alle Weise zärter als unser gebratnes. Vermittelst der gleichförmi-

gen Hitze, worinn es unter der Erde gehalten wird, bleibt Saft und Kraft durchaus beysammen. Das Fett hatte im geringsten keinen geilen oder widrigen Geschmack, und die Haut, die an unsern Schweine-Braten gemeiniglich steinhart zu seyn pflegt, war hier so zart als alles übrige Fleisch. Beym Schluß der Mahlzeit kamen unsre Weinflaschen dran, und Freund Orea ließ sich sein Gläschen schmecken ohne ein Auge zu verdrehen, worüber wir uns um so mehr wunderten, als die Einwohner dieser Inseln sonst überall einen Widerwillen gegen unsre starken Getränke bezeigt hatten. Die Tugend der Nüchternheit ist auch würklich fast allgemein unter ihnen, besonders unter dem gemeinen Volk. Doch haben sie ein berauschendes Getränk, auf welches vorzüglich einige alte Oberhäupter sehr viel halten. Es wird aus dem Saft einer Pfeffer-Baum-Wurzel, hier zu Lande Awa genannt, auf eine höchst ekelhafte Weise verfertigt, wie ich an einem der ersten Tage nach unserer Ankunft selbst mit angesehen habe. Nachdem die Wurzel in Stücken geschnitten ist, wird sie von etlichen Leuten vollends klein gekauet und die mit Speichel wohl durchweichte Masse, in ein großes Gefäß voll Wasser oder Coco-Nuß-Milch gespuckt. Dieser ungemein appetitliche Brey wird hierauf durch Coco-Nuß-Fasern geseiget, und die gekaueten Klumpen sorgfältig ausgedruckt, damit der zurückgebliebne Saft sich vollends mit der Coco-Nuß-Milch vermischen möge. Zuletzt wird der Trank in eine andre große Schaale abgeklärt, und ist alsdenn zum Gebrauch fertig. Dies häßliche Gemansch verschlucken sie mit ungemeiner Gierigkeit: und einige alte Säuffer thun sich nicht wenig darauf zu gut, daß sie viel Schaalen davon leer machen können. Unser Passagier Porea, der hier nicht so zurückhaltend als auf Huaheine war, brachte eines Tages einen seiner neuen Bekannten in die Cajütte des Capitains, und setzte sich sogleich mit ihm nieder, um jene Schmiererey nachzumachen. Als sie damit zu Stande gekommen waren, trank er ohngefähr ein Nößel, ward aber so besoffen davon, daß man ihn ohne Bewegung auf dem Boden liegend fand. Sein Gesicht war roth und die Augen standen ihm gleichsam zum Kopf heraus. In diesem Zustand schlief er einige Stunden ohne von seinen Sinnen zu wissen, als er aber wieder zu sich kam, schämte er sich dieser Ausschweifung. Die Völlerey bleibt indessen, gleich jeder andren Ausschweifung, auch hier nicht ungestraft. Die Alten, welche diesem Laster nachhängen, sind dürr und mager, haben eine schuppichte, schäbige Haut, rothe Augen, und rothe Flecken über den ganzen Leib. Alles dieses sind, ihrem eignen Geständniß nach, unmittelbare Folgen des Soffes und folglich müssen die Bestandtheile der Pfefferpflanze wohl die eigenthümliche Eigenschaft haben, den Aussatz hervorzubringen. Außerdem gilt aber diese Wurzel, bey den Einwohnern aller dieser Inseln, auch für ein Sinnbild des Friedens, vielleicht weil Trunkenheit gute Cameradschaft macht.

Schumann's Barbuch
Drinks und Stories
168 Seiten
durchgehend illustriert.

A Thinking Man's Bar. *NEWSWEEK*

Charles Schumann steht seit dem Erscheinen dieses amüsanten, ziemlich ungewöhnlichen Buches in starkem Verdacht, ein Stück Barkultur kreiert zu haben. *Drinks*

Würde der amerikanische Schriftsteller Ernest Hemingway noch leben und das in München, wäre er gewiß Stammgast im Schumann's. Denn die kultivierteste und beliebteste Bar der Isar-Metropole pflegt eben jene internationale Bartradition, für die Hemingway und seinesgleichen stets schwärmten. *Madame*

Ohne Zweifel, prophezeit Charles, werde diese Art von Barkultur allmählich aussterben. Sein Buch sichert das Know-how für die Nachwelt. *Der Spiegel*

›Swimmingpool‹ etwa oder ›Sweet Science‹, ›Red Mouth‹ oder ›Flying Kangaroo‹ – Drinks, die Charles erfunden hat, der Namensgeber und Chef vom ›Schumann's‹, der Bar am Ende der fashionablen Maximilianstraße, wo Abend für Abend die Münchner Trendsetter aufeinanderstehen. *Cosmopolitan*

Dieses Buch kann man nicht beschreiben, man muß es besitzen. *Tafelfreuden, Wien*

Schumann's Barbuch – eine rührende Liebeserklärung. Die Bar nicht nur als Mekka der tausend Alkoholika, mehr doch ein magischer Treffpunkt für Menschen und ihre Schicksale. *Münchner Merkur*

Schumann zählt heute zu den renommiertesten Barmännern der Republik. Für sein Buch, das – fein gestaltet und illustriert von Günter Mattei – sowohl im Flaschen- als auch im Bücherregal Platz finden sollte, verdient er höchstes Lob: Noch nie hat in so ansprechendem Rahmen ein Barkeeper seine Stammgäste mit den Drinks so intelligent gemixt. *tip, Berlin*

In jeder Beziehung ein Grandseigneur hinter der Theke ist unbestritten Charles Schumann, fleischgewordene bundesdeutsche Barkultur und unbeugsamer Verfechter der klassischen American Bar. Mit ›Schumann's Barbuch‹ hat er diesem Inbegriff gelassener Unterhaltung und urbaner Geselligkeit eine Bibel beschert, in der Hausbar-Keeper eine Fülle von Rezepten finden. *Die Wochenpresse, Wien*

Kein Zweifel, der Mythos Bar lebt – und jetzt auch in Buchform. Charles Schumann, der seit drei Jahren in Münchens Maximilianstraße eine ›American Bar‹ betreibt, hat seine Erfahrungen auf den Markt gebracht.
Mit Bargeschichten weltberühmter Trinker, von Bukowski bis Hemingway, wird das Buch zu einer Hommage an diese Kultstätte des intellektuellen Trinkens. Darüber hinaus lüftet in dem Prachtband Deutschlands derzeit bekanntester Barmixer seine Geheimnisse. *Münchens feine Adressen*

Drinks & Stories, Harveys Wallbanger & Ernest Hemingway, schwarzrot & samtig – schon das Anfassen erregt die Sinne, weckt bald den Durst auf Drinks und die Lust am Lesen. *Zitty, Berlin*

China und seine Küche
Eine photographische Reise
von Reinhart Wolf
Mit Texten von Lionel Tiger
232 Seiten, durchgehend
farbig illustriert.

Reinhart Wolf hat China drei Monate lang bereist. Er war den Ursprüngen der Speisen, ihrer Zubereitung, ihrer visuellen Lust auf der Spur. So entdeckte er die Seele des Landes – und offenbart sie hier in seinem Bildreport China und seine Küche.

Reinhart Wolf
Japan Kultur des Essens
Mit Texten von Angela Terzani
und einem Vorwort von Adolf Muschg
176 Seiten, davon 76 Seiten Farbphotos

Die ästhetischen Qualitäten des Essens in ihrer reinsten Form. Dies zeigen Reinhart Wolfs faszinierende Photos von der Eßkultur Japans. Ein Kultbuch für alle Kenner kulinarischer Perfektion und herausragender Photographie.

»Ich kann mir keinen direkteren Weg vorstellen,
die Kultur eines Landes,
die Mentalität der Menschen kennenzulernen,
als zu beobachten, wie ein Volk ißt,
wie es die Speisen anrichtet und serviert«,
sagt Reinhart Wolf.

1. *Tontons Macoute:* Private Terror-Truppe der Diktatoren ›Papa Doc‹ und ›Baby Doc‹ Duvalier, nach dem Sturz von Jean-Claude ›Baby Doc‹ Duvalier Anfang 1986 aufgelöst.

2. *Doktor:* Gemeint ist der vom Landarzt zum selbsternannten ›Präsidenten auf Lebenszeit‹ aufgestiegene Dr. François ›Papa Doc‹ Duvalier.

3. *Big Drum:* Von den ersten afrikanischen Sklaven überlieferter Tanz-Ritus auf der zu Grenada gehörenden Grenadines-Insel Carriacou: *»From the Atlantic I come, with my drum, my story and my song.«* Die große Rhythmus-Trommel ist ein mit Ziegenhaut bespanntes Rumfaß. Dazu gehört der *Beg Pardon*-Tanz mit der Opfergabe für die Ahnen sowie Tänze und Lieder der Kromantins aus Ghana in Französisch-Creolisch (Patois) und Englisch-Creolisch, vermischt mit afrikanischen Sprachelementen.

4. *Chamba:* Afrikanischer Stamm. Auf Carriacou leben, wie überall in der Karibik, die Nachfahren vieler verschiedener afrikanischer Volksstämme: Kromantins, Ibos, Banda, Moko, Temne, Arradah, Hausa, Manding.

5. *Rhygin:* Wahrscheinlich abgeleitet vom englischen Wort *raging* (wütend, rasend), meint einen kraftvollen, und vitalen, auch sexuell herausfordernden Menschen.

6. *Obeah:* Böse Magie, Beeinflussung der Lebenden durch die Geister der Toten, die *duppies*, *jombies* oder *zombies*.

7. *Pocomania:* Ekstatischer, afrikanisch-christlicher Kult. Die Herkunft des Begriffs ist umstritten: Er kommt entweder aus dem Spanischen (*pocomania* = kleine Verrücktheit) oder leitet sich aus dem creolischen *Twi* ab: *po* = klein, *kumina* = Tanz, um mit den Ahnen in Verbindung zu treten.

8. *Grenadines:* Gruppe von über vierzig Klein- und Kleinst-Inseln, teilweise zum Staat St. Vincent/Grenadines, teilweise zum weiter südlich gelegenen Grenada gehörend. Einige der Inseln sind im Privatbesitz weißer Hoteliers.

9. *St. Lucia:* Nördlich von St. Vincent/Grenadines gelegener Inselstaat. Die ganze Region ist zwischen Dezember und April bevorzugtes Ziel der internationalen Yacht-Segler.

10. *cashees:* Allgemeiner Begriff für alle Buschpflanzen mit Dornen.

11. *weed:* Marihuana, auch *ganja* genannt. Die in Packpapier oder getrocknete Bananen-Blätter (erhöht die Rauschwirkung) gerollte Zigarette heißt *spliff*.

12. *local stuff:* Markenloser Rum, sehr stark, häufig aus der ersten Destillation und nur kurz gelagert.

13. *EC-Dollar: East Caribbean Dollar*, einheitliche Währung einiger englischsprachiger Kleiner Antillen. 1 EC-Dollar = etwa 90 Pfennig.

14. *Dominica:* Wasserreicher, Tropendschungel-bewachsener Inselstaat nördlich von Martinique.

15. *Zapoteken:* Indianervolk im südlichen Mexiko mit eigener Sprache.

QUELLENHINWEISE

Ernest Hemingway, Daiquiris. Aus: Ernest Hemingway, Inseln im Strom, Copyright © 1971 by Rowohlt Verlag GmbH, Reinbek bei Hamburg.

Jules de Palm, Cuba Libre. Aus: Die Nacht, in der die Hütten leer blieben, Erzählungen aus der Karibik. Copyright © by Eichborn Verlag, Frankfurt/Main 1981. *Jules de Palm ist in Curaçao (Niederländische Antillen) geboren und lebt in Den Haag.*

Hans Christoph Buch, Der Zaubertrank. Leicht gekürzt aus: Hans Christoph Buch, Die Hochzeit von Port au Prince. Copyright © by Suhrkamp Verlag, Frankfurt/Main 1984.

Graham Greene, Bei Mère Catherine. Aus: Graham Greene, Die Stunde der Komödianten. Copyright © by Paul Zsolnay Verlag GmbH, Wien/Hamburg 1966, © Graham Greene 1966.

Carlos Widmann, Graham Greene's Hotel. Originalbeitrag. *Carlos Widmann ist Korrespondent der »Süddeutschen Zeitung« in Washington.*

Jane Bowles, Punsch und Profit. Leicht gekürzt aus: Jane Bowles, Zwei sehr ernsthafte Damen. Aus dem Amerikanischen von Adelheid Dormagen, Copyright © by Carl Hanser Verlag, München/Wien 1984. *Jane Bowles wurde 1917 in New York geboren, lebte seit 1947 in Tanger, starb 1973 in Malaga.*

V.S. Naipaul, Logierbericht eines Nachtwächters. Leicht gekürzt aus: V. S. Naipaul, Meine Tante Goldzahn, Erzählungen. Copyright © by Verlag Kiepenheuer & Witsch, Köln 1981. *V.S. Naipaul wurde 1932 als Sohn indischer Einwanderer in Trinidad geboren und lebt heute in England.*

Paule Marshall, Der Rumshop. Leicht gekürzt aus: Paule Marshall, Ein Loblied für die Witwe, Copyright © by Rowohlt Taschenbuch Verlag GmbH, Neue Frau 5781, Reinbek bei Hamburg 1986. *Paule Marshall lebt in New York, ihre Geschichte spielt auf der Grenadines-Insel Carriacou, die zu Grenada gehört.*

Michael Thelwell, Miss Idas Café. Zusammengestellt aus: Michael Thelwell, Jamaica Kid – The Harder They Come, MaroVerlag, Augsburg, 1984. *Thelwells Buch entstand nach dem Film »The Harder They Come« von Henzell und Trevor Rhone und ist eine erweiterte Fassung des Filmstoffs.*

Heinz van Nouhuys, Writers Bar. Originalbeitrag.

Detlef Jens, Von Bar zu Bar. Aus: Detlef Jens, In Schlangenlinie durch die Karibik, in: DIE ZEIT 14/1984.

Jürgen Woldt, World's End Bar. Originalbeitrag, ebenso wie: Rum, Mythos und Geschichte sowie andere Sachbeiträge.

Toni Morrison, Hot Rum. Leicht gekürzt aus: Toni Morrison, Teerbaby. Copyright © by Rowohlt Verlag GmbH, Reinbek bei Hamburg 1983. *Toni Morrison ist in Lorain, Ohio, geboren, ihr Buch spielt auf einer Insel der Kleinen Antillen.*

Malcolm Lowry, Unter dem Vulkan. Aus: Malcolm Lowry, Unter dem Vulkan, rororo 1744. Copyright © by Rowohlt Taschenbuch Verlag GmbH, Reinbek bei Hamburg 1974.

Philippe Garnier, Oaxaca – rund ums ›Farolito‹ heute. Aus: Philippe Garnier, Garçon, un bidon de mescal, in: Libération, Le Journal Quotidien, 26. 6. 1986.

Egon Erwin Kisch, Agavenhain in der Kaschemme. Aus: Egon Erwin Kisch, Entdeckungen in Mexico, Copyright © by Verlag Kiepenheuer & Witsch, Köln 1981.

Mario Benedetti, Scharfes und Gedichte. Aus: Mario Benedetti, Die Sterne und du, Copyright © by Peter Hammer Verlag, Wuppertal 1984. *Mario Benedetti wurde 1920 in Uruguay geboren und lebt im Exil in Spanien.*

Georg Forster, Tropical Drinks, Südsee 1773. Aus: Georg Forster, Reise um die Welt, Copyright © by Insel Verlag, Frankfurt/Main 1967. *Forster wurde 1754 in Nassenhuben bei Danzig geboren, seine Chronik der zweiten Weltumsegelung von James Cook erschien zuerst 1777 unter dem Titel »A voyage round the world« in englischer Sprache.*

3. Auflage

Herstellung: Helmut Burgstaller
Satz: Fotosatz Stummer, München
Gesamtherstellung: RMO, München
ISBN 3-453-36021-4

Register

nach Sachgruppen geordnet

Register

in alphabetischer Reihenfolge

Von links nach rechts: Jürgen Woldt, Charles Schumann, Günter Mattei